CREIO
a identidade do cristão

FREI CLARÊNCIO NEOTTI, OFM

CREIO
a identidade do cristão

EDITORA
SANTUÁRIO

Direção Editorial:	Pe. Fábio Evaristo R. Silva, C.Ss.R.
Conselho Editorial:	Pe. Ferdinando Mancilio, C.Ss.R.
	Pe. José Uilson Inácio Soares Júnior, C.Ss.R.
	Pe. Marcelo Rosa Magalhães, C.Ss.R.
	Pe. Mauro Vilela, C.Ss.R.
	Pe. Victor Hugo Lapenta, C.Ss.R.
Coordenação Editorial:	Ana Lúcia de Castro Leite
Revisão:	Bruna Vieira da Silva
Diagramação e Capa:	Mauricio Pereira

Dados Internacionais de Catalogação na Publicação (CIP) de acordo com ISBD

N438c   Neotti, Frei Clarêncio

            Creio: a identidade do cristão / Frei Clarêncio Neotti. - Aparecida, SP : Editora Santuário, 2019.
            128 p. ; 14cm x 21cm.

            ISBN: 978-85-369-0583-9

            1. Cristianismo. 2. Identidade cristã. 3. Pastoral. I. Título.

2019-247   CDD 240
                                                                        CDU 24

Elaborado por Odilio Hilario Moreira Junior - CRB-8/9949

Índice para catálogo sistemático:

1. Cristianismo 240
2. Cristianismo 24

1ª impressão

Todos os direitos reservados à **EDITORA SANTUÁRIO** – 2019

       Rua Pe. Claro Monteiro, 342 – 12570-000 – Aparecida-SP
       Tel.: 12 3104-2000 – Televendas: 0800 - 16 00 04
       www.editorasantuario.com.br
       vendas@editorasantuario.com.br

SUMÁRIO

Símbolo dos Apóstolos: o Credo 7
O Credo Niceno-Constantinopolitano 9
Apresentação: Creio, a identidade do cristão
(Dom João Bosco, bispo de Osasco) 11
O que é crer? 15
Por que rezamos o Credo? 21
1. Creio em Deus, Criador e Pai 27
2. Creio em Jesus Cristo, nosso Senhor 33
3. Creio em Jesus Cristo, nosso Salvador 39
4. Creio em Jesus Cristo, Filho de Maria 45
5. Creio em Jesus Cristo, morto e ressuscitado 51
6. Creio em Jesus Cristo,
   que desceu à mansão dos mortos 57
7. Creio em Jesus Cristo, que subiu ao céu 63
8. Creio em Jesus Cristo,
   juiz dos vivos e dos mortos 69
9. Creio no Espírito Santo 75
10. Creio na Santa Igreja Católica 81
11. Creio na Comunhão dos Santos 87
12. Creio na Remissão dos Pecados 93
13. Creio na Ressurreição da Carne 99
14. Creio na Vida Eterna 105
15. Amém 113
Autores citados 117

Símbolo dos Apóstolos
O Credo

Creio em Deus Pai Todo-Poderoso,
criador do céu e da terra.
E em Jesus Cristo, seu único Filho Nosso Senhor,
que foi concebido pelo poder do Espírito Santo,
nasceu da Virgem Maria,
padeceu sob Pôncio Pilatos,
foi crucificado, morto e sepultado,
desceu à mansão dos mortos,
ressuscitou ao terceiro dia,
subiu aos Céus,
está sentado à direita de Deus Pai Todo-Poderoso,
donde há de vir a julgar os vivos e os mortos.
Creio no Espírito Santo,
na Santa Igreja católica,
na comunhão dos santos,
na remissão dos pecados,
na ressurreição da carne,
na vida eterna. Amém.

O Credo Niceno-Constantinopolitano

Creio em um só Deus, Pai Todo-Poderoso, criador do céu e da terra,
de todas as coisas visíveis e invisíveis.
Creio em um só Senhor, Jesus Cristo, Filho Unigênito de Deus,
nascido do Pai antes de todos os séculos:
Deus de Deus, luz da luz,
Deus verdadeiro de Deus verdadeiro,
gerado, não criado,
consubstancial ao Pai.
Por ele todas as coisas foram feitas.
E por nós, homens, e para nossa salvação, desceu dos céus:
e se encarnou pelo Espírito Santo,
no seio da Virgem Maria, e se fez homem.
Também por nós foi crucificado sob Pôncio Pilatos,
padeceu e foi sepultado.
Ressuscitou ao terceiro dia, conforme as Escrituras,
e subiu aos céus,
onde está sentado à direita do Pai.
E de novo há de vir, em sua glória,
para julgar os vivos e os mortos;
e o seu reino não terá fim.
Creio no Espírito Santo,
Senhor que dá a vida, e procede do Pai e do Filho,
e com o Pai e o Filho é adorado e glorificado:
ele que falou pelos profetas.
Creio na Igreja, una, santa, católica e apostólica.
Professo um só batismo para remissão dos pecados.
E espero a ressurreição dos mortos
e a vida do mundo que há de vir.
Amém.

APRESENTAÇÃO

Creio, a Identidade do Cristão

Rezamos o Creio semanalmente, nas missas dominicais e festivas, e também quando iniciamos o terço, de forma que muitos, a maioria dos cristãos católicos, o dizem de cor. Em menos de um minuto, podemos recitar a Profissão de Fé. Poucas vezes o fazemos, no entanto, conscientes de que ali está um resumo perfeito e completo daquilo que os apóstolos colheram dos lábios de Jesus e da convivência com ele, e que expressa toda a riqueza de nossa fé. É como a semente que, pequenina, contém toda a instrução para, a partir dela, crescer uma frondosa árvore. Repetir essa oração, dizê-la de cor, deveria abrir-nos, como em uma ampla tela, a paisagem inteira e bonita da fé que recebemos da Igreja em nosso batismo e sinceramente professamos.

Costumamos "rezar" o Creio. Mas será mesmo uma oração? Oração não é o que falamos diretamente a Deus, aos santos e santas em um diálogo de confiança e humildade? Sim. Quando rezamos o Creio falamos com quem? Creio é uma afirmação, em primeira pessoa, um compromisso. Falamos com nós mesmos. Quando professamos na presença dos irmãos, esse compromisso se torna público, nós cremos. E a fé se faz comum, patrimônio de todos os que professam, sem deixar de ser pessoal. É verdadeira oração, porque a dizemos na presença de Deus. É ele quem nos dá o dom de crer e, ao mesmo tempo, acolhe nossa profissão de fé como fruto de seu dom.

Ninguém vive sem crer, assim como ninguém vive sem respirar. O problema é decidir o que devemos crer. Há uma escolha a ser feita: ou cremos em Deus verdadeiro ou fabricamos ídolos para crer. Na respiração, cada célula do organismo recebe o alimento que vem do ar, o oxigênio, e com ele se renova e permanece viva. Assim a fé alimenta e revigora a alma. Para o corpo existe ar puro e ar poluído, o ar rarefeito das altas montanhas ou aquele concentrado de que necessitam os enfermos. Também isso ocorre com o alimento da alma. A Fé pode ser pura e límpida, ou rarefeita, inconsequente, poluída pela ampla oferta de crenças que o mundo apresenta, e que passam longe do que Jesus Cristo nos deixou. Esse perigo existe mesmo para aqueles que costumam ir à Igreja.

O Creio, que recitamos tantas vezes, é um alimento concentrado, um resumo seguro de tudo o que devemos crer. Onde, porém, encontramos esse conteúdo desenvolvido e extenso, para que possamos conhecê-lo e depois dizer com mais consciência nossa profissão de fé? Há fontes seguras, e a primeira delas é a própria Escritura. Divinamente inspirada, ela contém tudo o que precisamos saber para chegar à salvação. Há também os Santos Padres, os primeiros intérpretes da doutrina dos apóstolos, nos primeiros séculos. Com grande reverência guardamos seus ensinamentos. Eles viveram em tempos heroicos e foram os formadores do depósito da fé. A história comprovou a verdade de seu testemunho e de suas percepções. Há pronunciamentos oficiais do magistério da Igreja. Desde o Concílio dos Apóstolos até o recente Concílio Vaticano II, a Igreja vem refletindo sobre as verdades da fé e atualizando sua linguagem com fidelidade e comunhão, à luz do Espírito Santo. As definições conciliares nem sempre foram tão pacíficas e nem sempre houve entendimento entre prelados e teólogos. Mas os embates de cada época se clareiam à medida que vão se aproximando da verdade essencial e eterna que Jesus Cristo convidou-nos a crer. Há também os místicos e outros santos e santas que descreveram sua experiência de fé com uma força e sabedoria tal, que a Igreja os conduziu para os altares, chamando-os de doutores da Igreja. Eles podem nos ensinar com seu jeito próprio de crer, e aproximar-nos da verdade revelada. Por fim, há aqueles que se dedicaram ao ensino da teologia e escreveram muitíssimas páginas em todos os tempos. Aí poderá o fiel encontrar um pouco de tudo o que o esforço humano já fez para esclarecer sua fé. Compêndios de dogmática, tratados ao gosto de cada escola teológica, marcados pela espiritualidade de cada época, ou os catecismos adaptados à linguagem de cada povo. Mas como encontrar, no meio de tantas páginas, aquilo que é o essencial, o conteúdo necessário, o alimento básico, a exposição clara e bem fundamentada do que devemos crer?

A resposta está em suas mãos, este pequeno e precioso livro de Frei Clarêncio Neotti, franciscano, professor e comunicador. Um livro pequeno não quer dizer fraco ou sem conteúdo, mas concentrado e substancioso. Toma cada uma das verdades da fé e as traduz de modo simples e essencial. Suas fontes são precisas: a Escritura, os Santos Padres, os Santos doutores, o magistério firme da Igreja. O hábito franciscano o faz citar nomes de primeira grandeza do pensamento franciscano como Santo Antônio, São Boaventura ou São Bernardino de Sena. Também não deixa de lado os últimos papas que debulharam em seus ensinamentos as formulações do Concílio Vaticano II.

Posso imaginar este livro nas mãos de um padre que prepara sua homilia. Ou de um catequista leigo que quer aperfeiçoar suas lições. Também serve aos recém-chegados à iniciação cristã de adultos (hoje são muitos) que buscam algo mais profundo que os manuais de catequese.

Nestes tempos de pluralismo e indiferença, de relativismo e profusão de crenças, em que tantos se sentem confusos e sem rumo em sua fé, tempo também de profunda sede de Deus, encontrar a solidez e pureza da fé no Símbolo dos Apóstolos é uma graça e um estímulo para viver bem e anunciar com coragem o que a vida cristã tem de melhor.

Dom João Bosco, ofm
Bispo de Osasco-SP

O que é crer?

O Credo é o resumo da fé cristã. O Credo começa com a declaração em primeira pessoa: "Eu creio". E não podia ser diferente, porque a fé é antes de tudo e sobretudo uma questão pessoal. Ninguém pode crer por mim, como alguém pode pagar uma conta minha ou me representar em uma festa. O Deus em quem eu creio é o mesmo Deus de meu vizinho. O conteúdo da fé é o mesmo conteúdo no qual meu vizinho acredita. Por isso nós nos apoiamos mutuamente em nossa fé, celebramos juntos a fé e podemos dizer: Cremos. Mas o "cremos" só tem sentido depois que eu disser: "Eu creio". Minha fé é tão minha como meu coração. Por melhor que seja o coração de meu vizinho, não é o coração dele que me dá vida. Por isso, preciso juntar minha inteligência, minha vontade, meu coração e afirmar: "Eu creio".

Um dia, Jesus estava rodeado de discípulos e lhes falava da dificuldade de perdoar gratuitamente, porque a lei "olho por olho, dente por dente", de Moisés, não servia para a nova comunidade que ele, Jesus, estava criando. Preocupados, os discípulos disseram a Jesus: "Aumenta-nos a fé" para podermos aceitar a nova doutrina (cf. *Lc* 17,4). Jesus, que os conhecia a fundo, sabia que a fé deles era pequena e, por isso, lhes faltava a confiança na palavra do Mestre e lhes disse com clareza: "Se tivésseis uma fé do tamanho de um grão de mostarda, diríeis a essa amoreira: arranca-te daqui e planta-te no mar, e ela vos obedeceria" (*Lc* 17,6).

Ora, os discípulos viam Jesus com seus olhos, ouviam sua voz, tocavam suas mãos, conviviam com ele e, apesar disso, sua fé era menor que um grão de mostarda. Em outra ocasião, Jesus estava diante de um pai angustiado que lhe pedia a cura do filho epilético (cf. *Mc* 9,24). Jesus dizia ao pai: "É preciso crer!" E o pai lhe respondeu: "Eu creio, mas ajuda minha falta de fé!"

A fé do tamanho de uma semente de mostarda nos é dada no Batismo. O padre pergunta aos pais e padrinhos da criança: "Que pedis para vosso filho e afilhado?" Os pais respondem: "Pedimos a fé!" E a fé, graça divina, é dada em forma de semente. É semente boa, fecunda. Semente posta por Deus no coração humano não pode ser chocha. Porque Deus não engana ninguém. A semente da fé é depositada em nós para que a façamos crescer e frutificar. Por isso podemos dizer que a fé, embora dada de graça por Deus, ela não se desenvolve, não floresce, não frutifica sem nossa colaboração. E corre o perigo de toda a semente que não brota: apodrece, morre. Como pode também morrer a fé já crescida, como morre uma árvore sem terra, sem luz, sem raízes suficientes.

Santo Agostinho escreveu que os cristãos "fortificam-se crendo". O papa Bento XVI também lembrou que "só crendo é que a fé cresce e se revigora" (*Porta Fidei*, n. 7). A fé é um exercício. São Tiago é claro: "A fé, se não tiver obras, é morta em si mesma" (*Tg* 2,17). Se a fé é um dom de Deus, seu crescimento depende de meu esforço. Escreveu o papa Bento XVI: "A fé sem a caridade não dá fruto, e a caridade sem a fé seria um sentimento constantemente à mercê da dúvida. Fé e caridade reclamam-se mutuamente, de tal modo que uma consente à outra de realizar o seu caminho" (*Porta Fidei*, n. 14).

Crer é, portanto, aceitar a semente divina da graça. Para que cada um tome consciência dela e não diga que do Batismo de nada se lembra, a Igreja faz a cerimônia da renovação solene das promessas do Batismo e dá aos que chegaram ao uso da razão o Sacramento da Crisma, também chamado Sacramento da Confirmação, exatamente porque confirma, ratifica e consolida o Batismo. Depois, crer é cultivar a fé como se cultiva uma planta. O que terra, sol, água e ar são para a planta, para a fé são os sacramentos, a oração e as boas obras. Fé e obras são inseparáveis: as boas obras fazem a fé crescer e a fé dá sentido às boas obras. Dizia Santo Antônio que a linguagem da fé é sempre viva, quando falam as boas obras.

A fé esbarra em algumas dificuldades, como: Por que Deus permite tanto mal e tanta maldade no mundo? Ou por que Deus permite tanta injustiça social, deixando os maus enriquecerem e os bons se tornarem cada dia mais pobres? São raciocínios humanos que podem até gerar ateísmo ou indiferentismo. O senso das coisas de Deus vai por outro caminho. No Sermão da Montanha, Jesus declarou: "Vosso Pai do Céu faz nascer o sol para bons e maus; e faz chover sobre justos e injustos" (Mt 5,43).

Há ainda uma causa maior e mais frequente que impede o crescimento da fé. É a tendência de muitos de não se reconhecerem criaturas dependentes de Deus. Procuram a autossuficiência, ou seja, querem fazer o que querem, como querem e quando querem. Acontece que o autossuficiente é incapaz de fé, porque a fé pressupõe um outro em quem confiar. Foi o pecado de nossos primeiros pais, Adão e Eva. O orgulhoso tende à autossuficiência, por isso elimina Deus, por não sentir necessidade dele. São Pedro escreveu em sua primeira Carta: "Deus nada pode conceder ao orgulhoso" (1Pd 5,5). O orgulho se sente bem tanto na cabeça e no coração do inteligente quanto no coração e na cabeça do ignorante. Não é privilégio do inteligente, do intelectual ter dúvidas de fé. A fé pressupõe a humildade.

Lembremos outra grande dificuldade: a falsa fé. Assim como podemos ter remédios falsificados ou bebidas adulteradas, podemos também ter uma fé falsa. É falsa a fé interesseira, ou seja, a fé da pessoa que só crê como e enquanto lhe interessa. Eu chamaria fé de supermercado. Pego o que me interessa, o que me custa menos. É falsa a fé que só procura solução para problemas de saúde, de finanças, de bem-estar físico e psíquico. Esse tipo de falsa fé tem fome de milagres e faz de Deus alguém a serviço de seus interesses. Todos nós nascemos egoístas, ou seja, voltados para nossos interesses. Enquanto em minha vida prevalecer o egoísmo, terei sérias dificuldades na fé. Fé e egoísmo não convivem no mesmo coração. Todas as formas de egoísmo me fecham sobre mim mesmo (em palavras, diria: Eu creio em mim mesmo, eu sou salvação de mim mesmo, eu sou o céu de mim mesmo). Quando digo "creio em Deus", renuncio à tentação da autossuficiência. Posso dizer o Credo de cor e não ter fé. Porque o Credo não é fórmula mágica pronunciada pelos lábios. Já ensinava Santo Agostinho: "Aos ouvidos de Deus não chegam palavras, mas afetos do coração" (*Primeira Catequese aos não cristãos*, IX,13). Fé é entrega gratuita e incondicionada de nosso coração a Deus. A palavra latina "credere" (de onde nasceu o nosso verbo crer) se origina da expressão "cor + dare", ou seja, dar o coração. E coração, na Bíblia, significa a pessoa inteira com sua inteligência, sua vontade, seu modo de ser, de relacionar-se, de fazer, de rezar. A fé não é apenas um ato da razão. Como também não é apenas um ato da vontade. E também não é apenas sentimento. Envolve sentimento, vontade, intelecto, a pessoa inteira que reconhece em Deus seu criador e senhor. É entrega incondicional, ou seja, em todas as circunstâncias, tanto quando a vida se parece a um esplêndido nascer de sol quanto quando a vida é um causticante calvário. A fé pressupõe entrega a Deus de nosso passado sujo como uma fossa ou limpo que nem um altar coberto de linho branco; entrega a Deus de nosso presente despreocupado como canto de canário ou angustiado que nem moenda de cana em engenho; é entrega a Deus de nosso futuro, não em sentido fatalista, mas na certeza de que amanhã estaremos de mangas arregaçadas, colaborando com Deus na recriação de um mundo melhor.

Crer é mais do que ver. Crer é mais do que saber. Em seu livro *Meu pequeno catecismo: diálogo com um menino*, o escritor, filósofo e pintor francês, membro da Academia de Letras da França, Jean Guitton († 1999) escreveu: "Saber é mais belo do que ver. Mas crer é ainda mais belo do que saber, porque no ato de crer tem muito de amor. Ver é uma operação dos sentidos. Saber é uma operação da vontade e o mais alto grau da vontade é o amor. Ora há mais na inteligência do que nos sentidos; há mais no amor do que na inteligência". A fé não dispensa dúvidas. A dúvida é a antessala da verdade. Ou como dizia um excelente mestre de minha juventude: a dúvida é o noviciado da verdade. A fé não dispensa a procura. Todos nós somos seres à procura. Deus quer ser procurado, ainda que se diga que ele é o Emanuel, ou seja, o Deus conosco (Mt 1,23); ainda que Jesus tenha prometido estar presente onde dois ou três se reunirem em seu nome (Mt 18,20). A fé não dispensa a espera, mesmo quando temos de esperar contra toda esperança (Rm 4,18). A fé deve também acostumar-se ao silêncio de Deus, porque, se é verdade que Deus é palavra por excelência e fala em todas as criaturas, é também verdade que, muitas vezes, se distancia no mistério do silêncio.

A fé tem necessidade de se expressar, como a árvore tem necessidade de oxigênio. As expressões da fé se chamam ritos e um conjunto de ritos se chama religião. A verdade da fé não muda com o tempo, não envelhece. Ela admite renovação de linguagem. Mas a fé é e será sempre a mesma. A religião e os ritos podem mudar e mudam ao longo da história e se adaptam às diferentes culturas. A fé precisa da religião para se expressar, precisa de ritos, precisa de liturgia. Mas posso fazer uma liturgia, um rito sem fé. Evidentemente que a liturgia boa é aquela que manifesta e celebra a fé de cada um no conjunto harmonioso da comunidade que "é um só corpo e um só espírito, uma só esperança" e tem "um só Senhor, uma só fé, um só batismo, um só Deus e pai de todos" (Ef 4,4-6).

"Que não haja entre vós um coração transviado pela incredulidade, um coração que não creia no Deus vivo" (Hb 4,12).

Por que rezamos o Credo?

Todos os domingos e nas missas das grandes festas rezamos o Credo, depois da homilia. E o rezamos porque celebramos o mistério pascal da morte e ressurreição do Senhor, que fundamenta toda a nossa fé cristã. São Paulo escreveu aos Coríntios: "Se Cristo não tivesse ressuscitado, seria vã e inútil a nossa fé" (*1Cor* 15,14.17).

Também rezamos o Credo antes do terço, que faz a memória dos grandes mistérios. Os gozosos falam da encarnação e nascimento do Filho de Deus; os dolorosos contemplam sua paixão e morte; os gloriosos meditam sua ressurreição e ascensão; e os mistérios da luz refletem sobre o Batismo e a Eucaristia. O Credo tem tudo a ver com a fé cristã. A Carta aos Hebreus nos diz que, se não temos fé, não encontramos sentido na boa-nova da salvação; se não temos fé, não tem sentido para nós a Palavra de Deus (cf. *Hb* 4,2). Por isso mesmo o Credo se intitula: "Profissão de fé".

Há muitas maneiras de professar a fé: por palavras, por cantos, por gestos. A mais linda e mais breve profissão de fé por palavra é a do Apóstolo Tomé, depois de tocar as chagas de Jesus ressuscitado: "Meu Senhor e meu Deus!" (*Jo* 20,28). Como é linda a profissão de fé quando cantamos: "Eu confio em Nosso Senhor, com fé, esperança e amor!" E continuamos: "A meu Deus fiel sempre serei, eu confio em Nosso Senhor! Seus preceitos sempre cumprirei, com fé, esperança e amor!" Ou aquele outro canto: "Eu creio em vós, verdade eterna, em vós, Deus Uno e Trino, à vossa Igreja sempiterna com toda a fé me inclino!". O gesto de fé mais comum entre nós é o dobrar o joelho ou o fazer o sinal da cruz.

Mas há uma fórmula, que vem desde a Igreja primitiva, e se chama Símbolo dos Apóstolos. O que quer dizer a palavra "símbolo"? Vem do verbo grego "sinbálein", onde "sin" significa "com", "junto" (temos em português as palavras *sín*tese, *sin*dicato, *sin*fonia); e o verbo "bállein", que significa "lançar", "atirar", "espalhar". Se uno as duas palavras "sinbállein", tenho unir, conjugar, fazer de várias coisas uma coisa só, fazer comunhão (de pessoas, de verdades). Símbolo significa, então, um conjunto de verdades. O Credo é a expressão da unidade da Igreja, da comunhão eclesial.

Acho interessante vermos a palavra contrária. O mesmo verbo "bállein", mas com outro prefixo: *diá*, que significa "através", vai dar diabállein, que quer dizer desunir, romper, separar. Desse verbo nasce o substantivo *diábolos* em grego, *diabolus* em latim e *diabo* em português: aquele que divide, aquele que separa, aquele que desune, aquele que se atravessa na vida das pessoas.

Dissemos que o Credo sempre se chamou "Símbolo dos Apóstolos". Vimos o que significa símbolo. Por que dos Apóstolos? Porque são as verdades ensinadas pelos Apóstolos. São 12 as verdades ensinadas pelo Credo. O número poderia sugerir os 12 Apóstolos. O número 12 é simbólico e significa a totalidade, a perfeição. Ou seja, nas 12 verdades ensinadas pelo Credo estão contidas todas as verdades e de forma absolutamente correta, perfeita.

Deixemos de lado a lenda, nascida no século IV, que conta como os Apóstolos se teriam se reunido, depois da Ascensão de Jesus, para definir as verdades essenciais que eles levariam a todo o mundo e como cada um deles teria composto uma delas. O fato é que "a pregação apostólica devia conservar-se por uma sucessão contínua até a consumação dos tempos. Por isso os Apóstolos, transmitindo aquilo que eles próprios receberam, exortam os fiéis a manterem as tradições que aprenderam, seja oralmente, seja por carta (cf. *2Ts* 2,15) e a combater pela fé que se lhes transmitiu uma vez para sempre" (Concílio Vaticano II, *Dei Verbum*, n. 8). Desde o início da Igreja, na hora do Batismo, perguntava-se ao batizando: Crês em Deus Pai criador do céu e da terra? Crês em Jesus Cristo, Filho de Deus? Crês no Espírito Santo? Das perguntas e das respostas nasceu uma fórmula, uma profissão de fé.

Hipólito de Roma, morto em 235, tem um livro valioso pelas informações, intitulado *Tradição Apostólica*. Ao descrever o Batismo, diz que o oficiante perguntará ao batizando: "Crês em Deus Pai Todo-Poderoso? Crês em Jesus Cristo, Filho de Deus, nascido do Espírito Santo e da Virgem Maria, que foi crucificado sob Pôncio Pilatos, morrendo e sendo sepultado e, vivo, ressurgiu dos mortos no terceiro dia, subindo aos céus e sentando-se à direita do Pai, donde julgará os vivos e os mortos? Crês no Espírito Santo, na Santa Igreja e na ressurreição da carne?" Já é o Credo quase completo.

No século IV já temos o *Credo* completo. E no século V em toda a Igreja se usava a mesma fórmula, a mesma que é usada hoje, fórmula que chamamos *Credo*, que é "o eco exato da fé da Igreja primitiva, o eco fiel da mensagem do Novo Testamento" (Bento XVI, *Introdução ao Cristianismo*, Loyola, p. 64). A palavra "fórmula" não deve sugerir "receita", como uma receita de bolo, onde sempre cabe mais um ingrediente a gosto da doceira. Mas é carne e sangue, é vida, é um modo de viver individual e comunitariamente. Em outras palavras, o *Credo* não é um texto só para ser lido ou rezado, mas também e, sobretudo, para ser vivido. Na Carta Encíclica *Veritatis Splendor*, de 1993, disse bem o papa São João Paulo II: "A fé cristã não é um conjunto de proposições a serem acolhidas e ratificadas pela mente. Trata-se de verdades a serem vividas. Aliás, – continua o Papa – uma palavra só é verdadeiramente acolhida, quando se traduz em atos, quando é posta em prática. O *Credo* é uma decisão que compromete toda a existência" (cf. n. 88).

Por isso São Cirilo de Jerusalém († 386) e Santo Ambrósio de Milão († 397) diziam que o cristão deve trazer o *Credo* esculpido em seu coração, ou seja, pautar nele todo o seu comportamento. E Santo Agostinho de Hipona († 430) ensinava em um sermão sobre o *Credo*: "Reze o *Credo* todos os dias, de manhã e à noite. De manhã, para que suas verdades penetrem seu coração e impregnem todo o seu trabalho; de noite, para que, deitado, você rumine as verdades, transformando-as em sangue de sua vida".

Ultimamente têm nascido entre nós religiões que negam as verdades de fé recebidas dos Apóstolos. Talvez fosse bom lembrar as palavras de Santo Hipólito, acima citado: "Não fundamentamos nossa fé em palavras sem sentido, nem nos deixamos arrastar por impulsos do coração ou persuadir pelo encanto de discursos eloquentes. Nossa fé se fundamenta nas palavras pronunciadas pelo poder divino".

O *Credo* é composto de palavras e frases, que ensinam verdades de fé imutáveis por meio dos tempos. Mas as verdades de fé pressupõem realidades invisíveis, que são Deus Pai criador, Deus Filho redentor do mundo, Deus Espírito Santo. Três pessoas divinas, um só Deus, que, em determinado momento, entram na história, e não por acaso. O mistério divino envolve amorosamente o mistério humano, desde a origem até seu destino final. Pela encarnação do Filho de Deus, a natureza humana se faz comunhão para sempre com a natureza divina (cf. *2Pd* 1,4).

Além do Credo "Símbolo dos Apóstolos", há um Credo mais comprido, com as mesmas verdades, chamado "Credo Niceno-Constantinopolitano", que é também rezado na Liturgia, tanto na Igreja católica romana quanto na Igreja ortodoxa e nas Igrejas protestantes históricas. O texto desse *Credo* foi elaborado e aprovado em dois Concílios: no de Niceia (325) e no de Constantinopla (381). Os bispos estavam muito preocupados com algumas heresias (sobretudo de Ario († 336), que negava a igualdade de Jesus com o Pai, e do bispo Apolinário († 390), que punha em dúvida a humanidade de Jesus de Nazaré). Daí o *Credo* insistir com a máxima clareza: "Creio em um só Senhor, Jesus Cristo, Filho unigênito de Deus, nascido do Pai antes de todos os séculos, Deus de Deus, luz da luz, Deus verdadeiro de Deus verdadeiro, gerado, não criado, consubstancial com o Pai. Por ele todas as coisas foram feitas. E por nós e para nossa salvação desceu dos céus e se encarnou pelo Espírito Santo no seio da virgem Maria e se fez homem".

Ao encerrar o Ano Santo da Fé (1967-1968), proclamado para celebrar o décimo nono centenário do martírio de São Pedro e São Paulo, o papa Paulo VI escreveu e pronunciou, na Praça São Pedro, uma longa e precisa Profissão de Fé, muitas vezes chamada de "Credo de Paulo VI". Repete, como ele mesmo diz, a fórmula de Niceia – "a fórmula da imortal Tradição da Santa Igreja de Deus, com algumas explicações exigidas pelas condições espirituais de nossa época" (n. 3). Não ensinou nenhuma verdade nova. Mas atestou – como disse mais tarde o papa Bento XVI – "como os conteúdos essenciais, que há séculos constituem o patrimônio de todos os crentes, necessitam ser confirmados, compreendidos e aprofundados de maneira sempre nova para dar testemunho coerente deles em condições históricas diversas das do passado" (*Porta Fidei*, 4).

Sinto a necessidade de repetir: o Credo vai além de uma oração proferida pelos lábios. Já São Paulo advertia para isso, quando escreveu aos Romanos: "Acredita-se com o coração e, com a boca, faz-se a profissão de fé" (*Rm* 10,10). Sabemos que quando a Bíblia fala em 'coração' compreende a inteligência, a vontade, os sentimentos, nosso modo de ser e de fazer. Portanto, o Credo é recitado pelos lábios, mas é vivenciado, sentido, crido com a pessoa inteira, alma e corpo. O Credo, portanto, não é oração de meus lábios, mas de meu eu, que a Bíblia chama de coração. Não creio com meus lábios, ainda que com eles proclame o Credo, mas creio com meu ser inteiro ainda que meus lábios se tornem incapazes do pronunciá-lo.

Façamos nossas as palavras de Santo Hilário († 367): "Que a minha vida, Senhor, não consista em uma inútil dialética de palavras, mas na sólida confissão da fé! Fazei que me mantenha sempre fiel à verdade que professei no Símbolo dos Apóstolos, que me regenerou quando fui batizado no Pai, no Filho e no Espírito Santo!"

1

Creio em Deus, Criador e Pai

O papa Bento XVI diz que esse tema é o mais angustiante da história de todos os povos e culturas. Crer ou não crer em Deus preocupou os povos primitivos e continua preocupando os povos modernos. Desse primeiro artigo do *Credo* dependem e tomam sentido todos os outros. Dizer-se ateu é um modo de dizer que o assunto está presente em sua vida. Há gente que pensa que, quanto maior é a inteligência humana tanto menos precisa de Deus. Volta e meia na história se proclamou a morte de Deus, em nome da mente esclarecida. Deus é como o sol, sempre o mesmo, sempre radioso. Nós é que temos noite e dia. Houve povos que identificaram Deus com o sol. Mas o sol é uma de seus milhares de milhões de criaturas. Antes que o sol fosse, Deus era.

Deus, ainda que se tenha revelado, "é um mistério inefável", nos ensina o Catecismo (n. 230). O mistério não é contra a razão, mas está acima da razão. Inefável significa que não se pode expressar por palavras. Santo Agostinho diz em um dos sermões: "Se compreendesses Deus, ele não seria Deus". Deus é um ser vivo, de quem provêm todas as formas de vida. Deus é um ser vivo, não criado, eterno, que derrama seu amor sobre todas as criaturas, que são, aliás, todas elas fruto de seu amor. Rezamos no *Credo* mais comprido: "Pai onipotente, criador do céu e da terra, de todas as coisas visíveis e invisíveis". Se olharmos como os povos, através dos tempos, viram Deus, podemos destacar quatro visões:

O Ateísmo, que afirma que Deus não existe. A palavra *ateísmo* é grega e se compõe do prefixo *a* (que significa *não*, como na palavra *anormal*, que significa não normal e *teísmo*, que vem de Theós, ou seja: Deus). Muitos dos que se declaram ateus têm um conceito fantasioso de Deus, às vezes, até infantil, que não é o Deus do Evangelho. Então o problema não é se Deus existe ou não existe, mas se aquele Deus que eu imagino, concretizo na mente e formulo por palavras, é o Deus verdadeiro ou um falso Deus. Estão nessa categoria os que dizem que Deus não existe, porque, se existisse, não haveria tanto mal no mundo. Boa parte dos que se dizem ateus o são por conveniência. Não posso chamar de ateus os que estão à procura de Deus, como andou Santo Agostinho antes de encontrá-lo. Recordemos uma passagem de suas *Confissões* (X, 27): "Habitáveis dentro de mim e eu lá fora a procurar-vos! Lançava-me sobre as formosuras que criastes. Estáveis comigo e eu não estava convosco... Eu vos saboreei, e agora tenho fome e sede de vós".

O Politeísmo, que afirma a existência de muitos deuses. O prefixo *poli* significa muitos, como nas palavras polivalente (capaz de muitas coisas), politécnica (escola que ensina muitas artes), polissílabo (palavra que tem muitas sílabas). O politeísta tem um Deus para cada atividade: um para a guerra, outro para o fogo, outro para o amor, outro para os campos e assim por diante. Há uma linda página na vida de São Paulo. Quando chegou a Atenas, foi ao areópago e fez o seguinte discurso: "Atenienses, vejo que sois extraordinariamente religiosos em tudo. Ao passar pela cidade e contemplar as estátuas dos vossos deuses, achei até um altar em que está escrito: 'Para o Deus desconhecido'. Pois bem, aquele que venerais sem conhecer, é o Deus que vos anuncio. O Deus que fez o mundo e todas as coisas que nele existem. Sendo o Senhor do céu e da terra, não habita em santuário feito por mãos de homens nem é servido por mãos humanas como se necessitasse de alguma coisa. Ele dá a todos a vida, o alento, ele não está longe de nós, nele nós vivemos, nele nos movemos, nele existimos. Alguns poetas vossos até disseram que nós somos de sua raça" (*At* 17,24-28). Paulo distingue bem os deuses, a quem os atenienses prestavam culto, do Deus criador e senhor do céu e da terra.

Aos que professam o Panteísmo, tudo é Deus. Deus coincide com o universo. *Pan* em grego significa tudo. Santo Agostinho († 430) escreveu este belo texto: "Quem é Deus? Perguntei-o à terra e disse-me: 'Eu não sou'. E tudo o que nela existe respondeu-me o mesmo. Interroguei o mar, os abismos e os répteis animados e vivos e responderam-me: 'Não somos teu Deus; busca-o acima de nós'. Perguntei aos ventos que sopram; e o ar, com os seus habitantes, respondeu-me: 'Anaxímenes está enganado, eu não sou o teu Deus'. Interroguei o céu, o sol, a lua, as estrelas e disseram-me: 'Nós também não somos o Deus que procuras'. Disse a todos os seres que me rodeiam: 'Já que não sois meu Deus, falai-me de meu Deus, dizei-me ao menos alguma coisa dele!' E exclamaram com alarido: 'Foi ele quem nos criou!'" (*Confissões*, X,6).

O Monoteísmo afirma a existência de um só Deus. Na palavra monoteísmo temos o prefixo *mono*, que significa *um*, como nas palavras monossílabo (uma só sílaba), monólogo (um só que fala), monopólio (um só que tem todo o poder sobre um produto). O Monoteísmo é praticado por três grandes grupos de pessoas que, por crerem em um e único Deus, têm muitos ritos em comum: os hebreus, os cristãos, os muçulmanos. As três religiões chamam Abraão de "nosso Pai na fé".

A fé dos hebreus está muito bem expressa em *Dt* 6,4-10, que Jesus sabia de cor e citou em *Mt* 22,38: "Ouve, Israel! O Senhor nosso Deus é o único Senhor. Amarás o Senhor, teu Deus, com todo o coração, com toda a alma, com todas as forças. E trarás em teu coração todas estas palavras que hoje te ordeno. Tu as repetirás muitas vezes aos teus filhos e delas falarás, quando estiveres sentado em casa ou andando pelos caminhos, quando te deitares ou te levantares. Hás de prendê-las a tua mão para servirem de sinal, tu as colocarás como faixa entre teus olhos e as escreverás nos umbrais de tua casa e nos portões de tua cidade".

Jesus confirmou a existência de um Deus único, como podemos ler em *Mc* 12,29. Porém, em três pessoas distintas: Pai, Filho, Espírito Santo. É o chamado Mistério da Santíssima Trindade, que distingue o cristianismo de outras religiões. Por isso no batismo o padre pergunta ao batizando: Crês em Deus Pai? Crês em Deus Filho? Crês em Deus Espírito Santo? As três perguntas prendem-se a *Mt* 28,19: "Fazei discípulos meus todos os povos, batizando-os em nome do Pai e do Filho e do Espírito Santo!". Observe-se que se diz *em nome* e não *nos nomes*: um só Deus e três pessoas.

Sempre que falamos de Deus, o ligamos à criação. A Sagrada Escritura começa com estas palavras: "No princípio Deus criou o céu e a terra" (*Gn* 1,1). Ensina-nos a Carta aos Hebreus: "Pela fé sabemos que o universo foi criado pela palavra de Deus, de sorte que do invisível teve origem o visível" (*Hb* 11,3). O ponto mais alto da criação é Jesus, "o primogênito de todas as criaturas" (*Cl* 1,15), "o primogênito de todos os irmãos" (*Rm* 8,29).

Se cremos que Deus é criador, se cremos que Jesus é o Filho de Deus, em tudo igual ao Pai, mas em carne humana, sabemos nossa meta: Deus. E com isso respondemos a duas perguntas cruciais e inseparáveis: De onde viemos? Para onde vamos? Há muitas lendas sobre a criação e há muitos modos de contá-la. Mas a verdade é que Deus nos criou e criou tudo o que existe. Este Deus, criador de todas as coisas e criaturas visíveis e invisíveis, é Pai. O Antigo Testamento o chama de pai, como sinônimo de criador, que nos gerou a sua imagem e semelhança (*Gn* 1,26). Lembra-o bem Moisés em seu Cântico, diante do povo: "Povo de Israel, por que és ingrato para com Deus? Ele é teu pai, ele te criou, ele te fez, ele te formou" (*Dt* 32,6).

Jesus deu um novo sentido a Pai. Mais de uma vez ele declarou que Deus era seu pai e nele (em Jesus) Deus nos adotou como verdadeiros filhos. São Pedro chega a dizer que, em Jesus, nos tornamos participantes da natureza divina (*2Pd* 2,4). Ensina São Paulo na Carta aos Gálatas: "Quando chegou a plenitude dos tempos, Deus nos mandou seu Filho, nascido de mulher, para que pudéssemos ser adotados como filhos" (*Gl* 4,4). E na Carta aos Efésios: "Por intermédio de seu Filho, fomos predestinados a ser seus filhos adotivos" (*Ef* 1,5). Podemos ainda acrescentar o belo texto de João: "Vede com que grande amor o Pai nos amou, para sermos chamados filhos de Deus. E nós o somos de fato. Caríssimos, somos já agora filhos de Deus e quando Jesus aparecer na glória, seremos semelhantes a ele" (*1Jo* 3,1-2).

No Credo declaramos que cremos em Deus Criador e Pai. Criador de todas as coisas. Tudo o que existe são criaturas suas e exclusivamente suas. Mas, quando o chamamos de Pai, lembramos que ele é o Pai de Nosso Senhor Jesus Cristo, no qual todos nos tornamos irmãos. Sendo ele o Filho de Deus, é "o primogênito de muitos irmãos" (*Rm* 8,29).

Acrescento um texto de São Cipriano de Cartago († 258), o primeiro bispo africano mártir, de seu livro sobre o Pai-Nosso: "O homem novo, renascido e restituído a Deus pela sua graça, diz logo de início Pai, porque já começou a ser filho. 'Veio ao que era seu e os seus não o receberam. Mas a todos que o receberam deu o poder de se tornarem filhos de Deus, a eles que creem em seu nome' (*Jo* 1,11-12). Portanto, aquele que crê em seu nome e se torna filho de Deus deve começar imediatamente a dar graças e a confessar-se filho de Deus. E ao dirigir-se a Deus, chamando-o de Pai, indica também pelas primeiras palavras da vida nova, que renunciou ao pai terreno e carnal e conhece o Pai que começou a ter no céu. Como é grande a indulgência do Senhor! Ele nos envolve com a abundância de seu favor e de sua bondade a ponto de querer que, ao elevarmos a Deus nossa oração, chamemos Deus de Pai; de modo que, assim como Cristo é Filho, nós também sejamos chamados filhos de Deus. Se o próprio Cristo não nos tivesse ensinado orar dessa maneira, nenhum de nós ousaria chamar a Deus de Pai. Por isso devemos saber e lembrar que, se dizemos que Deus é Pai, precisamos agir como filhos de Deus, para que do mesmo modo que nos alegramos de Deus Pai, ele também se alegre de nós" (*A Oração do Senhor*, 9.11).

2

Creio em Jesus Cristo, nosso Senhor

Estamos habituados a falar "Jesus Cristo" como se fora um nome só, como chamávamos o papa de João Paulo. A língua espanhola chega a unir os dois nomes em um só "Jesucristo". Mas não foi sempre assim. Quando os dois nomes vinham juntos era uma profissão de fé: "Jesus é o Cristo". O nome "Jesus" é o nome próprio. "Cristo" expressa sua missão, e Jesus ganhou esse acréscimo já adulto, quando começou sua vida pública.

Lembremos *Mt* 1,21: "Maria dará à luz um filho e tu lhe porás o nome de Jesus. É ele quem salvará o povo de seus pecados". O nome Jesus já existia antes, com variantes nas letras, para melhor expressar uma missão, era até frequente e significava "Deus salva". O nome do sucessor de Moisés na condução do povo, por exemplo, chamava-se Josué, que significa: "Deus dá a salvação contra os inimigos". O nome Jesus significa "ele salvará o povo de seus pecados". Libertar o povo dos pecados faz parte integrante da missão de Jesus. E tirar o pecado do povo significa "santificar" o povo e essa é a missão principal de Jesus.

Ao menos três santos falaram com doçura imensa do nome de Jesus, quase com as mesmas palavras: São Bernardo († 1153), Santo Antônio († 1231), São Bernardino († 1444). Cito Santo Antônio, no sermão para a antiga festa da Circuncisão de Jesus (oitava do Natal), que diz citar São Bernardo: "Jesus – nome doce, nome prazeroso, nome que reconforta o pecador, nome cheio de esperança, nome que enche o coração de júbilo, que enche de melodia os ouvidos, nome que é mel para a boca". São Bernardino, famoso pregador popular, levava sempre consigo um estandarte com o nome de Jesus, o diagrama IHS, que, na verdade, são as primeiras letras do nome de Jesus em grego. A letra que parece um *H* maiúsculo, em grego é um *E* maiúsculo. Bernardino mandava esculpir as três letras nos portais das igrejas, das casas, da praça. Muitas dessas pedras esculpidas são mostradas até hoje. Papa Francisco adotou as três letras em seu brasão de bispo e papa. O nome de Jesus era o tema central dos sermões de São Bernardino, que passou a vida toda pregando missões populares. Transcrevo um parágrafo: "Nome santíssimo, tão desejado pelos antigos patriarcas, esperado com tamanha ansiedade, invocado com muitos suspiros, suplicado entre copiosas lágrimas, concebido com misericórdia no tempo da graça... A Igreja está edificada sobre o nome de Jesus. Ó nome glorioso, nome cheio de graça, nome feito de amor e virtudes! Por ti perdoam-se os crimes, por ti são superados os adversários, por ti os enfermos são curados, por ti que os que sofrem dificuldades se fortificam e se alegram! És a honra dos fiéis, és a doutrina dos pregadores, robusteces os que labutam, sustentas os que fraquejam. Por este teu nome santíssimo, Jesus, faze-nos reinar em tua companhia!".

Quando falamos do nome de Jesus, vem quase automaticamente à memória o que escreveu São Paulo aos Filipenses: "Deus lhe deu um nome, que está acima de todo nome. Para que ao nome de Jesus se dobre todo joelho de quantos há no céu, na terra e nos abismos. E toda a língua proclame que Jesus é o Senhor!" (*Fl* 2,9-11).

A palavra "Cristo" é uma palavra grega, que traduz exatamente a palavra hebraica "Messias". As duas palavras dizem a mesma coisa: alguém ungido e consagrado para uma missão. Eram ungidos os reis para bem governarem. Eram ungidos os sacerdotes para bem santificarem. Eram ungidos os profetas para bem falarem em nome de Deus. Ora, Jesus era rei, sacerdote e profeta. Em nenhum momento foi ungido com óleo por mãos humanas (como o profeta Samuel ungiu Davi), mas foi ungido pelo Pai com o Espírito Santo. Em *Mc* 8,28, Jesus perguntou aos apóstolos quem era ele. E Pedro respondeu por todos: "Tu és o Cristo". Sentados ao Poço de Jacó, Jesus conversava com a samaritana. Ela diz: "Eu sei que o Messias, que se chama Cristo, está para vir". E Jesus afirma: "O Messias sou eu, que estou falando contigo" (*Jo* 4,25-26). No final de seu Evangelho, escreve João: "Muitos outros sinais fez Jesus na presença dos discípulos, mas não foram escritos neste livro. Escrevi estes para que creiais que Jesus é o Cristo, o Filho de Deus e para que, crendo, tenhais a vida em seu nome" (*Jo* 20,30).

Um escritor hebreu, nascido na Samaria e convertido ao Catolicismo, professor universitário, martirizado no ano 165, chamado Justino, escreveu: "Quanto ao seu Filho, o único que propriamente se diz Filho, o Verbo, que está com ele antes das criaturas e é gerado, quando no princípio criou e ordenou por seu intermédio todas as coisas, chama-se 'Cristo' por sua unção e porque Deus ordenou por seu meio todas as coisas... 'Jesus' é nome de homem que tem sua própria significação de 'salvador'. Sim, o Verbo se fez homem por desígnio de Deus Pai e nasceu para a salvação dos que creem e destruição dos demônios" (*II Apologia*, 6).

Há no Evangelho de Mateus uma passagem claríssima e solene. O Sumo Sacerdote interroga Jesus: "Conjuro-te pelo Deus vivo que nos digas se tu és o Cristo, o Filho de Deus". Jesus responde: "Tu o disseste. E me vereis sentado à direita de Deus Todo-Poderoso" (*Mt* 26,63-64). Sentar-se à direita significa ser o Senhor. Muitas vezes a palavra "Senhor", em todo o seu sentido de poder, vem associado ao nome de Jesus ou a sua missão. Assim, na noite de Natal, Lucas coloca na boca do anjo: "Hoje vos nasceu na cidade de Davi o Salvador, que é o Cristo Senhor" (*Lc* 2,11). Quando Maria, grávida, visita Isabel, exclama a mãe de João Batista: "A quem devo a honra de ser visitada pela mãe de meu Senhor?"

Na Última Ceia, logo depois do lava-pés, Jesus disse aos Apóstolos: "Vós me chamais de mestre e senhor. E dizeis bem, porque eu o sou". É comovente a profissão de fé do apóstolo Tomé, depois da ressurreição, quando Jesus lhe pede para tocar as chagas: "Meu Senhor e meu Deus", que eu também posso traduzir assim: "O meu Senhor é o meu Deus".

Pelas cartas de São Paulo conhecemos duas aclamações, que são profissão de fé em Jesus Cristo, o Senhor: "Toda língua proclame que Jesus Cristo é o Senhor" (Fl 2,11); Vem, Senhor Jesus: "Maranatá – Vem, Senhor Jesus" (1Cor 16,22). Foi São Paulo quem mais difundiu o título de Senhor. Ele escreveu aos romanos: "Se vivemos, é para o Senhor que vivemos e, se morremos, é para o Senhor que morremos. Quer vivamos, quer morramos, pertencemos ao Senhor. Cristo morreu e voltou à vida para ser o Senhor tanto dos vivos quanto dos mortos" (Rm 14,7-8). Aos Coríntios escreveu: "Para nós não há mais que um só Deus, o Pai de quem tudo procede e para quem nós existimos; e um só Senhor, Jesus Cristo, por quem existem todas as coisas e nós também" (1Cor 8,6).

Muitíssimas orações litúrgicas terminam assim: "Por Jesus Cristo, nosso Senhor!" Muito conhecida é a expressão penitencial grega: Kyrie, eleison ou seja: Senhor, tende piedade de nós! Sabemos que muitos mártires morriam gritando: "Jesus Cristo é o Senhor!", negando-se a dar o título de Senhor a César, porque acreditavam sinceramente que "Jesus Cristo é nosso único Senhor" (1Cor 15,31). Ou repetiam as palavras de Santo Estêvão: "Senhor Jesus, recebe o meu espírito!" (At 7,59).

Lembremos que a palavra "domingo" vem de "dies Domini", ou seja, Dia do Senhor. Como no calendário antigo e pagão eram lembrados o sol, a lua e deuses, no calendário cristão Jesus é lembrado como Senhor, no dia em que nos deu a maior prova de seu senhorio e sua divindade, o primeiro dia da semana (Páscoa).

Nesta reflexão nos ativemos a explicar o nome do Senhor Jesus Cristo. Depois de "Filho de Deus", são seus três maiores títulos. Um livro de 1907 elencou 187 títulos de Jesus, tirados do Antigo e do Novo Testamento. Mas o costume de enumerar títulos para Jesus é antiquíssimo. Já no V século, Dionísio Areopagita escreveu o livro *Sobre os Divinos Nomes*, embora sobre os nomes de Deus e não especificamente de Jesus. Famoso na literatura mundial é o livro do espanhol Frei Luís de Leão, *Os Nomes de Cristo*, publicado em 1583 e traduzido hoje em todas as línguas modernas, considerado um clássico da língua espanhola.

Uma das mais lindas profissões de fé em Jesus Cristo, nosso Senhor, que conheço é a que fez o papa São Paulo VI em Manila, nas Filipinas, no dia 29 de novembro de 1970. Transcrevo um trecho: "É meu dever pregar seu nome: Jesus é Cristo, o Filho do Deus vivo. É aquele que nos revelou o Deus invisível, ele, o primogênito de toda criatura, ele, em que tudo existe. É o mestre redentor das criaturas: por nós nasceu, morreu e ressuscitou. É ele o centro da história e do universo. Ele nos conhece e ama, o companheiro e amigo em nossa vida, o homem das dores e da esperança. Ele é quem de novo virá para ser nosso juiz, mas também – como confiamos – a eterna plenitude da vida e nossa felicidade.

Ele é a luz, é a verdade, mais ainda, é o caminho, a verdade e a vida. É o pão e a fonte de água viva, saciando nossa fome e a sede. É o pastor, o guia, o modelo, nossa força, nosso irmão. Assim como nós, mais até do que nós, ele foi pequenino, pobre, humilhado, trabalhador, oprimido, sofredor. Em nosso favor falou, fez milagres, fundou novo reino, onde os pobres são felizes, onde a paz é a origem da vida em comum, onde são exaltados e consolados os de coração puro e os que choram, onde são saciados os que têm fome de justiça, onde podem os pecadores encontrar perdão e onde todos se reconhecem irmãos.

Eu vos anuncio: Cristo Jesus é o princípio e o fim, o alfa e o ômega, o rei do mundo novo, a misteriosa e suprema razão da história humana e de nosso destino. É ele o mediador e como que a ponte entre a terra e o céu".

Resta exclamar com São Francisco: "Como é santo, agradável, suave, amável e, sobretudo, desejável, ter como irmão Nosso Senhor Jesus Cristo!" (*Carta aos Fiéis*, I,8).

Creio em Jesus Cristo, nosso Salvador

Partamos de uma cena bíblica do Evangelho de João: o primeiro milagre, que João chama de sinal, e que aconteceu em uma festa de casamento, em Caná (*Jo* 2,6-11). Havia seis talhas vazias. Seis pode ser simbólico, porque foi no sexto dia que foi criado o homem. As seis talhas vazias podem significar a humanidade sem rumo, sem esperança, sem certezas, sem piedade, sem misericórdia, sem amor. Estavam vazias, mas prontas para receber a água. A água é símbolo da vida. Em muitas culturas primitivas a água era a origem de todos os seres viventes, ou seja, era a matéria-prima dos vivos. Na maioria das culturas a água é o símbolo da força purificadora e regeneradora. Ora, Jesus mandou encher as talhas vazias de água, ou seja, de vida, que eu posso chamar de vida da graça, graça capaz de purificar e refazer. Dito isso, vejo nas talhas, há pouco vazias e agora cheias de água, um retrato da missão de Jesus: trazer-nos a vida, tirar nossos pecados e nos santificar. Essa a missão salvadora de Jesus.

Ele veio para transformar o ódio em amor, a ofensa em perdão, a discórdia em paz, a dúvida em fé, o erro em verdade, o desespero em esperança, as trevas em luz, o orgulho em humildade, a solidão em comunidade, o egoísmo em solidariedade, o pecado em graça. O nome "Jesus" já indicava esta sua missão: ser o salvador das criaturas. Santo Antônio, no sermão que escreveu para a Páscoa, diz belamente: "Jesus Cristo se fez ponte, a fim de que passássemos, por intermédio dele, da margem da mortalidade para a margem da imortalidade" (*Sermão para o quinto domingo da Quaresma*, 3).

Na noite de Belém, o anjo anuncia aos pastores: "Hoje, na cidade de Davi, nasceu para vós o Salvador" (*Lc* 2,11). O velho Zacarias, pai de João Batista, canta: "Bendito seja o Senhor que fez surgir em nosso favor um poderoso Salvador" (*Lc* 1,69). O velho sacerdote e profeta Simeão, segurando no colo o Menino, exclamou: "Meus olhos viram a salvação vinda para todos os povos" (*Lc* 2,30). João Batista aponta para Jesus adulto e afirma: "Eis o Cordeiro de Deus, aquele que tira os pecados do mundo" (*Jo* 1,29). Jesus se mostra Salvador, quando cura um homem que estava paralítico havia 38 anos: "Queres ficar curado? Levanta-te, toma teu leito e anda!" (*Jo* 5,8). Jesus se mostra Salvador, quando cura o leproso: "Se queres, podes curar-me!" – "Eu quero, sê limpo!" (*Lc* 5,13). Jesus se mostra Salvador, quando cura dois cegos: "Vocês creem que eu posso curar?" Diante da afirmativa deles, Jesus os curou (*Mt* 9,28-30). O povo admirado dizia: "Nunca se viu isso em nossa história!" (*Mt* 9,33). Jesus se mostra Salvador, ressuscitando um morto de quatro dias: "Quem crê em mim, ainda que esteja morto, viverá. Marta, crês isto? E Marta confessou: Sim, Senhor, eu creio que tu és o Cristo, o Filho de Deus, que devia vir ao mundo!" (*Jo* 11,26-27). É linda a página do Evangelho, que conta a visita de Jesus à casa do publicano Zaqueu: "Zaqueu, hoje a salvação entrou nesta casa" (*Lc* 19,9). A salvação era ele, Jesus de Nazaré.

Volto à figura das talhas, que estavam vazias, que Jesus mandou encher de água até a boca, e transformou a água em vinho. Zaqueu perdoado, Marta cheia de fé e confiança, os cegos curados, os leprosos limpos têm um destino maior, um destino divino. Jesus transforma a água em vinho. Não era suficiente para Jesus dar nova vida à humanidade. Quis elevar a vida da criatura humana à divindade, como disse tão bem São Pedro, quis que fôssemos participantes da natureza divina (*2Pd* 1,4). Esta era a missão completa que Jesus Cristo Salvador recebera do Pai: "Esta é a vontade do Pai: que eu não perca nenhum daqueles que ele me deu" (*Jo* 6,39). O vinho era considerado a bebida dos deuses e tinha em si mesmo algo de divino. Simbolizava a abundância das graças divinas, a alegria pela presença dos deuses, a força vital divina.

As seis talhas juntas comportavam, ao menos, 600 litros. A abundância do vinho é uma imagem usada pelos profetas para descrever a alegria da chegada do Salvador: "Naqueles dias as montanhas destilarão vinho novo. Eu mudarei a sorte de meu povo, que passará a viver em paz em suas cidades. Plantarão vinhas e beberão vinho em abundância" (*Am* 9,13-14). Lemos também no profeta Jeremias: "Naqueles dias haverá abundância de trigo e de vinho e todos dançarão de alegria" (*Jr* 31,12). Cito mais um texto do profeta Isaías, um convite a participar da futura salvação messiânica: "Vinde todos comprar sem dinheiro! Vinde comer à vontade! Vinde beber vinho em abundância!" (*Is* 55,1).

O profeta Isaías, que viveu 700 anos antes de Cristo, tem textos que falam do Messias Salvador, como aquele que o próprio Jesus leu em público e o aplicou a si: "O espírito do Senhor Deus está sobre mim, porque ele me ungiu. Enviou-me para levar a boa nova aos pobres, medicar os corações despedaçados, proclamar aos cativos a libertação e aos presos a abertura do cárcere e para proclamar o ano de graça do Senhor" (*Is* 61,1-2). Lucas diz que, depois de ler na sinagoga o texto, Jesus afirmou: "Hoje se cumpre esta passagem da Escritura que acabastes de ouvir" (*Lc* 4,21). Isaías põe na boca de Deus esta outra profecia sobre o Messias: "Eu te destinei para seres a luz das nações, para que minha salvação chegue aos confins da terra" (*Is* 49,6).

Os samaritanos disseram à mulher que os avisara da presença do Messias: "Já não cremos apenas por causa de tua palavra. Nós mesmos ouvimos e reconhecemos que este é realmente o Salvador do mundo" (*Jo* 4,42). Até hoje continuamos a dizer, depois da Consagração, na missa: "Salvador do mundo, salvai-nos, vós que nos libertastes pela cruz e ressurreição".

Há um gesto na celebração da missa, que passa despercebido para muitos. Quando o celebrante, ao ofertório, põe vinho no cálice, ele acrescenta algumas gotas de água e diz estas extraordinárias palavras: "Pelo mistério (ou mistura) desta água e deste vinho, possamos participar da divindade daquele que se dignou assumir nossa humanidade". Palavras e gesto que lembram as bodas de Caná, porque a água (aqui símbolo da humanidade) misturada ao vinho é também transubstanciada no sangue de Jesus, ou seja, pela força de Jesus, humanidade e divindade se unem inseparavelmente, ou seja, Deus em nós e nós em Deus. Esse é nosso destino, desde que Jesus de Nazaré se tornou nosso Salvador. Na Sexta-feira Santa, ao apresentar a Cruz ao povo, canta a Igreja: "Eis o lenho da Cruz, do qual pendeu a salvação do mundo". Ou seja: Cristo, pendente morto da Cruz, é o Salvador, porque de sua morte nasceu nossa vida, vida de graça e de comunhão com Deus.

Trago um texto da literatura clássica espanhola, que nos vem lembrar que a palavra "salvação" pode também ser traduzida por "saúde". Jesus, então pode significar "Deus salva" e também "Deus dá saúde". O texto é de Frei Luís de Leão († 1591), padre agostiniano, do livro *Os nomes de Cristo*: "Jesus significa *salvação* ou *saúde*. Se Cristo se chama *salvação*, é certo que o é e o é para nós, porque ele não tinha necessidade de salvação. E se para nós Cristo é *Jesus* e *salvação*, é porque nós temos uma debilidade, cujo remédio consiste na salvação de Jesus... Cristo, portanto, chama-se Jesus, porque ele mesmo é *saúde*... São saúde suas palavras, quero dizer: suas palavras são *Jesus*; são *Jesus* suas obras; sua vida é *Jesus*; sua morte é *Jesus*. O que fez, o que pensou, o que sofreu, o que caminhou, vivo, morto, ressuscitado, assunto e subido ao céu, é sempre e em tudo *Jesus* que, com a vida, nos cura e com a morte nos dá a saúde. Com suas dores carrega nossas dores. Suas chagas são medicina para a alma. Com seu sangue derramado restaura nossas forças. E não só é *Jesus* e *saúde*, porque nos ensina, com sua doutrina, o caminho certo, afastando-nos do que é errado e perigoso, mas também porque, com o exemplo de sua vida e de suas obras, alcança o mesmo resultado". Talvez fosse bom lembrar que a palavra "salus" em latim significa tanto "salvação" quanto "saúde".

São Paulo VI, quando ainda arcebispo de Milão, dizia aos aspirantes da Ação Católica: "Sabeis quem é Cristo? Cristo é o único Salvador. Não há outro fora dele. Onde ele não está, temos a escuridão. Ele é a luz do mundo. Onde ele não está, temos a confusão, o ódio, o pecado. Ele é a Vida, ele é o Mestre, ele é o amigo, ele é o bom pastor. Nele está o fundamento da paz. Ele é a esperança do mundo". Sim, Jesus Cristo é o único e universal Salvador do mundo. Disse-o bem São Pedro: "Em nenhum outro há salvação, pois, nenhum outro nome foi dado sob o céu pelo qual nós homens e mulheres possamos ser salvos" (At 4,12).

Ensinava Santo Ambrósio: "Temos tudo em Jesus Cristo Salvador: se queres curar tuas feridas, ele é médico; se estás ardendo em febre, ele é refrigério; se estás oprimido pela maldade, ele é a justiça; se tens necessidade de ajuda, ele é força; se temes a morte, ele é a vida; se desejas o céu, ele é o caminho; se tens medo das trevas, ele é luz; se tens fome, ele é alimento" (Sobre a Virgindade, 16,99).

Termino esta reflexão sobre a fé em Jesus Cristo nosso Salvador com as palavras do papa São João Paulo II, em sua primeira encíclica, de março de 1979: "A única orientação do espírito, a única direção da inteligência, da vontade e do coração para nós é esta: na direção de Cristo, Redentor do mundo. Para ele queremos olhar, porque só nele, Filho de Deus, está a salvação, renovando a afirmação de Pedro: 'Para quem iremos nós, Senhor? Tu tens palavras de vida eterna' (Jo 6,68)" (Redentor do homem, n. 23).

4

Creio em Jesus Cristo, Filho de Maria

Estamos acostumados a ver na televisão o Papa rezando a oração do Ângelus ao meio-dia dos domingos, da janela de seus aposentos. É uma oração criada pelos Franciscanos, no século XIV, para lembrar e celebrar o mistério da encarnação do Senhor. É um mistério, ou seja, uma verdade que não contraria a razão, mas a sobrepassa. Creio no mistério da encarnação, apesar de não o compreender. E celebro esse mistério com diferentes rituais compostos de palavras e gestos. Um deles é a oração da Ave-Maria, que medito, expresso e revisto de gestos.

A Oração do Ângelus se compõe de três Ave-Marias e a enunciação do mistério. Sempre que é possível, acompanha o toque dos sinos (são três mais três badaladas): O anjo do Senhor anunciou a Maria. E ela concebeu do Espírito Santo. (Ave-Maria.) Eis aqui a serva do Senhor. Faça-se em mim segundo a vossa palavra. (Ave-Maria.) E o Verbo se fez carne. E habitou entre nós. (Ave-Maria.)

São três Ave-Marias e três badaladas do sino. O número três para lembrar a Santíssima Trindade, que envolve por inteiro o mistério da Encarnação. O Pai envia à terra o Filho, com uma missão. O Espírito Santo é, em linguagem humana, o instrumento do Pai para fecundar Maria: "Foi concebido pelo poder do Espírito Santo e nasceu da Virgem Maria", rezamos no *Credo*. O Filho se encarna e assume a condição humana em tudo, fora o pecado. A encarnação acontece em Maria de

Nazaré. São Bernardo († 1153) tem uma página encantadora sobre o momento da encarnação do Senhor no seio da jovem Maria. Transcrevo-a, embora comprida:

"Ouviste, ó Virgem, que vais conceber e dar à luz um filho, não por obra de homem, mas do Espírito Santo. O anjo espera tua resposta. É tempo de ele voltar para junto de Deus. Nós também, Senhora, esperamos tua palavra de misericórdia. Eis que te é oferecido o preço de nossa salvação. Se consentires, seremos livres. Todos fomos criados pelo Verbo eterno, mas caímos na morte. Com uma breve resposta tua, seremos recriados e novamente chamados à vida.

Ó Virgem, cheia de bondade, o pobre Adão, expulso do paraíso com sua descendência, implora tua resposta; Abraão a implora. Davi a implora. Os outros patriarcas, teus antepassados, que também habitam a região da sombra da morte, suplicam tua resposta. O mundo inteiro espera, prostrado a teus pés. E não é sem razão, pois de tua palavra depende o alívio dos infelizes, a redenção dos cativos, a liberdade dos condenados, enfim, a salvação de todos os filhos de Adão, de todos os que são da tua raça.

Apressa-te, ó Virgem, em dar tua resposta. Responde sem demora ao Anjo, ou melhor, responde ao Senhor por meio do Anjo. Pronuncia uma palavra e recebe a Palavra. Profere tua palavra e concebe a Palavra de Deus. Dize uma palavra passageira e abraça a Palavra eterna. Por que demoras? Por que hesitas? Crê, consente, recebe. Que tua humildade se encha de coragem. Que tua modéstia se encha de confiança. De modo algum convém que tua simplicidade virginal esqueça a prudência. Neste encontro único, porém, Virgem prudente, não temas a presunção. Pois, se tua modéstia no silêncio foi agradável a Deus, mais necessário é agora mostrar tua piedade pela palavra.

Abre, ó Virgem santa, teu coração à fé, teus lábios ao consentimento, teu seio ao Criador. Eis que o Desejado de todas as nações bate a tua porta. Ah! Se tardas e ele passa, começarás novamente a procurar com lágrimas aquele que teu coração ama! Levanta-te, corre, abre! Levanta-te pela fé, corre pela entrega a Deus, abre pelo consentimento. *Eis aqui,* diz a Virgem, *a serva do Senhor! Faça-se em mim segundo tua palavra!"* Maria se diz "serva". Servo, serva, na Sagrada Escritura, é quem recebe e aceita uma missão que Deus lhe dá e a cumpre com fidelidade. A missão de Maria era a de dar vida humana ao Filho de Deus, era a de criá-lo, era a de ampará-lo na cruz, era a de ser a mãe do Novo Testamento, da nova família de Deus. Os Evangelhos não deixam dúvida de que Maria é a mãe carnal de Jesus. Não só o afirmam as páginas da anunciação e do natal, mas também a que fala de Pentecostes: "Todos permaneciam unânimes em oração, com Maria, a Mãe de Jesus" (*At* 1,14).

Faz parte dessa verdade de fé que Maria concebeu virgem o Filho de Deus, virgem, deu-o à luz e virgem permaneceu depois do parto. Há uma declaração de fé explícita no Concílio Ecumênico do Latrão, no ano 649. Esse dogma está inseparavelmente unido à maternidade divina de Maria, ou seja, à encarnação do Filho de Deus em seu seio de mulher. Há séculos a Igreja reza na Oração da Noite (chamada Completório) esta antífona: "Tu, que acolheste a palavra de Gabriel e permaneceste virgem antes e depois do parto, tem piedade de nós pecadores". Os místicos, quando falam da virgindade de Maria, gostam de citar uma passagem do profeta Ezequiel, que viveu quase seis séculos antes de Cristo: "O Senhor fez-me voltar até a porta externa do santuário, que dá para o leste. Estava fechada. Ele me disse: Esta porta deverá permanecer fechada. Não deverá ser aberta e ninguém deverá entrar, porque o Senhor Deus de Israel passou por ela. Por isso ficará fechada" (*Ez* 44,1-2).

É uma verdade de fé: em Jesus há duas naturezas em uma só pessoa. Jesus é tanto homem quanto Deus e tanto Deus quanto homem. Por isso, o Concílio Vaticano II, no documento *Gaudium et Spes*, podia dizer: "O Filho de Deus trabalhou com mãos humanas, pensou com inteligência humana, agiu com vontade humana, amou com coração humano. Nascido da Virgem Maria, tornou-se verdadeiramente um de nós, semelhante a nós em tudo, menos no pecado" (GS, 22). Pelo fato de ser Maria verdadeiramente a mãe de Jesus e Jesus nunca ter deixado sua natureza divina, Maria tornou-se também a mãe de Deus. A maternidade divina de Maria é uma verdade de fé, declarada no Concílio de Éfeso, em 431. A Igreja se viu forçada a proclamar, com clareza, essa verdade de fé, porque havia teólogos que achavam que Maria era só mãe do Cristo homem. A palavra que o Concílio usou foi "teotokos", uma palavra grega que significa "Mãe de Deus". Por isso rezamos na Ave-Maria: "Santa Maria, mãe de Deus!"

No final do Concílio de Éfeso, quando foi proclamada como verdade de fé que Maria é Mãe de Deus, São Cirilo de Alexandria pronunciou uma das mais famosas homilias marianas de toda a história. Transcrevo algumas frases: "Salve, ó Maria, Mãe de Deus, virgem e mãe! Salve, Maria, virgem, mãe e serva: virgem na verdade, por virtude daquele que nasceu de ti; mãe por virtude daquele que cobriste com panos e nutriste em teu seio; serva por aquele que tomou de servo a forma! Como Rei quis entrar em tua cidade, em teu seio, e saiu quando lhe aprouve, cerrando para sempre sua porta. Salve, Maria, templo onde mora Deus, templo santo! Salve, Maria, criatura mais preciosa da criação! Salve, Maria, morada da infinitude, que encerraste em teu seio o Deus infinito, o Verbo unigênito, produzindo sem arado e sem semente a espiga incorruptível! Salve, Maria, alegria dos anjos, júbilo dos arcanjos que te glorificam no céu! Salve, Maria, Mãe de Deus, por quem veio ao mundo o vencedor da morte e o destruidor do inferno! Salve, Maria, Mãe de Deus, por quem veio ao mundo o autor da criação e o restaurador das criaturas!"

Na catequese da quarta-feira, 31 de julho de 1996, repetia São João Paulo II a verdade tantas vezes exposta e aprofundada pela Igreja: "A concepção virginal exclui uma paternidade humana e afirma que só o Pai Celeste é o pai de Jesus. A geração de Jesus no tempo reflete a geração eterna, ou seja, o Pai que havia gerado o Filho na eternidade o gera agora no tempo como homem. Aquele que nasce de Maria é já Filho de Deus pela geração antes de todos os tempos. Sua geração virginal nos diz que em sua humanidade Jesus já é o Filho de Deus. Ensina João: 'E o Verbo se fez carne e veio habitar entre nós e nós vimos sua glória, glória de Unigênito do Pai, cheio de graça e verdade' (Jo 1,14)".

Dizemos que Maria concebeu por obra e graça do Espírito Santo. Mas isso não significa que o Espírito Santo seja o Pai de Jesus. Jesus é filho unicamente do eterno Pai que, por meio do Espírito Santo, gerou o verbo na natureza humana. De fato, na Anunciação, o anjo nomeia o Espírito Santo como "força do Altíssimo" (Lc 1,35) e no Credo rezamos: "Foi concebido pelo poder do Espírito Santo".

Em um de seus sermões, pergunta Santo Agostinho († 430): "Quem pode explicar o mistério da encarnação? Que inteligência pode compreendê-lo? Que lábios podem expressar já não digo o 'no princípio era o Verbo', mas o fato de ele se fazer carne, escolhendo uma virgem como sua mãe e tornando-a mãe e conservando-a virgem? Como pode Jesus ser Filho de Deus sem uma mãe que o conceba, e filho do homem sem a intervenção humana? Quem compreende como o Espírito torna fecunda uma mulher, deixando-a íntegra? Quem poderá proclamar isso? Mas, por outro lado, quem poderá calar? Que admirável maravilha! Não podemos proclamar, mas também não podemos silenciar. Anunciamos o que não compreendemos!" (Sermão 215,3).

Termino esta reflexão sobre a verdade da encarnação do Filho de Deus no seio de Maria, com alguns versos de São Boaventura († 1274), teólogo, místico, poeta, doutor da Igreja: "Os coros dos anjos, com vozes incessantes, proclamam-te: santa, santa, santa, ó Maria, Mãe de Deus, mãe e virgem ao mesmo tempo! Os céus e a terra estão cheios da majestade vitoriosa do Fruto de teu ventre! O glorioso coro dos apóstolos te aclama Mãe do Criador! Celebram-te todos os profetas, porque deste à luz o próprio Deus! A imensa assembleia dos santos mártires te glorifica, como Mãe do Cristo. A multidão triunfante dos confessores prostra-se diante de ti, porque és o Templo da Trindade".

Creio em Jesus Cristo, morto e ressuscitado

Jesus predisse aos apóstolos sua morte violenta e sua ressurreição. Citemos um único texto: "Eles estavam caminhando, subindo a Jerusalém. Jesus ia na frente, enquanto os que o seguiam estavam apreensivos e apavorados. Tomando à parte os doze, Jesus começou a falar-lhes das coisas que haveriam de acontecer: nós estamos subindo a Jerusalém e o Filho do Homem será entregue aos sumos sacerdotes e aos escribas. Eles o condenarão à morte e o entregarão aos pagãos. Zombarão dele, cuspirão nele, o açoitarão e o matarão. Mas, depois de três dias, ele ressuscitará" (Mc 10,32-34). Ainda que os apóstolos não tenham entendido as palavras proféticas de Jesus, a salvação da humanidade passou pela cruz e ressurreição.

Na liturgia da Sexta-feira Santa temos um gesto solene: o padre celebrante descobre a cruz em três momentos diferentes, primeiro a cabeça, depois os braços e, por fim, o corpo inteiro, e diz ou canta: "Eis o lenho da cruz, do qual pendeu a salvação do mundo!" Jesus Cristo é o Salvador. E ele exerce essa missão de salvador a partir de sua cruz, de sua morte na cruz, de sua morte que, em sendo morte verdadeira, é nascente de vida para a humanidade.

Esse Jesus Cristo pregado e morto na cruz é o quadro mais comovente da história da Igreja. Desse momento, dessa morte nasceram todas as bênçãos e todos os caminhos que levam para a vida eterna. Se vivemos, vivemos por causa dessa morte. Se morrermos, por causa dessa morte ressuscitaremos.

Na face do Cristo morto na cruz vislumbramos os clarões da aurora da Páscoa. Creio em ti, Jesus Nazareno, morto na cruz! Creio em ti, Jesus Filho de Deus, que morreste para vencer a morte! Creio em ti, Jesus, filho de Maria, esta mulher de fé, que te contempla em pé aos pés da cruz!

Nem os Evangelhos nem São Paulo em suas cartas nem a liturgia católica separam a morte de Cristo de sua ressurreição. Escrevendo aos Coríntios, São Paulo ensinava: "Irmãos, eu lhes transmiti o que eu mesmo recebi, isto é, que Cristo morreu pelos nossos pecados, foi posto em uma sepultura e ressuscitou ao terceiro dia" (1Cor 15,3-4). Jesus morreu. Jesus ressuscitou. São dois fatos históricos, verdadeiros. Se isso não fosse verdade – acrescenta São Paulo (1Cor 15,14) – a nossa fé seria vazia e sem sentido. Sempre que celebramos sua morte, nos enchemos da luz da ressurreição. Sempre que anunciamos a morte de Cristo, proclamamos sua ressurreição. Da cruz pendeu a salvação do mundo. Não pela morte, mas pela morte transformada pelo Espírito Santo em páscoa, em ressurreição.

Morte e ressurreição: sempre juntas. Dois fatos históricos que envolvem um único mistério. Não estamos diante de um mito. Jesus de Nazaré, de fato, morreu. Mas de nada nos serviria um Cristo morto, se não tivesse ressuscitado, como em nada nos ajudaria um sol que se tivesse posto, se não se levantasse na manhã seguinte. Celebramos, sim, a morte de Jesus, e até nos deveríamos envergonhar, porque foram nossos pecados a matá-lo. Mas ele assumiu os nossos pecados, lavou-nos em seu sangue. Fomos crucificados com ele, fomos sepultados com ele e "se morremos com Cristo – nos ensina São Paulo – também viveremos com ele" (Rm 6,8).

A morte de Jesus foi dolorosa. Dolorosa no corpo, com tantos açoites, bofetadas, a coroa de espinhos, a cruz pesada arrastada ladeira acima, os pregos a lhe atravessar os pulsos. Dolorosa no espírito, com tanta maldade, traição, calúnia, abandono dos amigos mais íntimos, a sentença de morte injusta e interesseira por parte de Pilatos, a tristeza de uma mãe chorando, a decepção de ver que toda a bondade que havia semeado resultara no ódio dos que tramaram a condenação. Ele, que se dissera a luz do mundo (Jo 8,12), tem os olhos cegados pelo inchaço e pelo sangue que lhe escorre da coroa de espinhos. Ele, que se dissera o caminho do homem (Jo 14,6), foi arrastado com cordas para fora da cidade, para fora da comunidade, para fora da convivência. Ele, que se declarara a verdade dos homens (Jo 14,6), não teve ninguém para defendê-lo no julgamento, e a mentira e a falsidade e a hipocrisia e os interesses dos que tinham o poder político e religioso venceram: ele foi condenado a morrer em uma cruz, suplício que a lei só permitia a escravos ou a quem tivesse atentado contra a segurança do império romano.

Creio em Jesus Cristo condenado e morto sob o poder de Pôncio Pilatos. A morte de Jesus Nazareno na cruz não é lenda, não é capítulo de novela. É verdade histórica, confirmada por quem a viu, confirmada pelos documentos oficiais romanos, confirmada por quem vergonhosamente fugiu de medo. E quem morreu foi Jesus de Nazaré, Filho de Deus, que dissera: "Eu sou a vida e vim a esta terra para que todos tenham a vida em plenitude" (Jo 10,10). Jesus de Nazaré, que dissera: "Quem crê em mim, jamais morrerá" (Jo 11,26). Escrevia Santo Inácio de Antioquia († 110) em uma de suas cartas: "*Verdadeiramente* Jesus, da estirpe de Davi, nasceu de Maria, comeu e bebeu; foi *verdadeiramente* perseguido sob Pôncio Pilatos; foi *verdadeiramente* crucificado e morreu diante dos homens e dos anjos. *Verdadeiramente* ele foi pregado na cruz sob Pôncio Pilatos (Mt 27,1-66), quando governava o tetrarca Herodes (At 4,27; Lc 23,1-12) e todos nós somos fruto de sua santa Paixão" (*Carta aos Tralianos*, 9). Com o advérbio "verdadeiramente" repetido, Santo Inácio quer insistir sobre a realidade humana e histórica de Jesus.

Os homens que o assassinaram não se lembraram de que eles eram de vida curta, enquanto o Cristo, além de homem, era o Filho de Deus, e por isso era eterno. Não perceberam os homens que seus interesses tinham, no máximo, o tamanho de sua curta vida, e os interesses do Cristo abarcavam a vida presente e a vida na eternidade. Esqueceram os homens que Jesus havia dito: "Eu tenho a vida em mim mesmo. Posso dá-la e retomá-la, quando eu quiser" (Jo 10,18).

Dizia São Cirilo de Jerusalém († 386): "Jesus verdadeiramente sofreu a paixão por todas as criaturas. A cruz, de fato, não era apenas aparente; se assim fora, também a redenção seria apenas aparente. Sua morte não foi coisa de fantasia; se assim fora, a salvação teria sido coisa apenas de fantasia. Mas a paixão é verdadeira. Cristo, de fato, foi crucificado e disto não nos envergonhamos. Foi crucificado e não negamos. Pelo contrário, glorio-me em sua crucificação. Proclamo a cruz, porque tenho certeza da ressurreição. Se ele tivesse permanecido crucificado, provavelmente eu não falaria dele e da cruz, mas porque à cruz seguiu a ressurreição, não tenho vergonha de falar da cruz" (*Catequese XIII*, 4).

A morte e a ressurreição de Jesus nos envolvem a todos e por inteiro. Disse-o bem o papa Francisco em um sermão feito em Assis, no dia 20 de setembro de 2016: "À vista do Cristo Crucificado, nós somos chamados a contemplar o mistério do Amor não amado e a derramar misericórdia sobre o mundo. Na cruz, árvore da vida, o mal foi transformado em bem; também nós discípulos do Crucificado, somos chamados a ser 'árvores de vida', que absorvem a poluição da indiferença e restituem ao mundo o oxigênio do amor. Do lado de Cristo, na cruz, saiu água, símbolo do Espírito que dá a vida (cf. *Jo* 19,34); do mesmo modo saia de nós, seus fiéis, compaixão por todos os sedentos de hoje. Como a Maria ao pé da cruz, conceda-nos o Senhor estar unidos a ele e próximos de quem sofre".

Jesus retomará sua vida na madrugada de Páscoa. Na Sexta-Feira Santa nossa falsidade matou Cristo em uma cruz. Mas a cruz começa a ser Páscoa, se Você percebe que há falsidade dentro de Você e Você substitui a falsidade pela verdade. Será Páscoa plena, quando Você, em palavras e atos, for límpido como uma manhã de sol. Creio em Jesus Cristo, morto e ressuscitado!

Na Sexta-feira Santa, nossa injustiça matou o Cristo em uma cruz. Mas a cruz começa a ser Páscoa, se Você perceber que há injustiça dentro de Você e em torno de Você, e Você substitui a injustiça pela justiça. Será Páscoa plena, quando desaparecer toda a injustiça na família humana. Creio em Jesus Cristo, morto e ressuscitado por mim!

Na Sexta-feira Santa, nossa traição pregou Jesus Cristo na cruz. Mas a cruz começa a ser Páscoa quando Você percebe que o amor que Deus tem por Você precisa de uma resposta de amor, e Você substitui a indiferença pelo amor. Será Páscoa plena, quando todos os seus atos, pessoais e sociais, nascerem do amor e frutificarem amor. Creio em Jesus Cristo, morto e ressuscitado por nós!

Na Sexta-feira Santa, desfiguramos o rosto de Jesus Cristo, Filho de Deus. Mas o rosto do Senhor Jesus começa a se iluminar, quando Você percebe que Você e seus irmãos não vivem como pessoas humanas, pessoas criadas à imagem e semelhança de Deus. Será Páscoa plena e luminosa, quando todos substituírem a ganância pela doação, o menosprezo pelo respeito, a indiferença pela participação, a espoliação pela partilha fraterna. Creio em Jesus Cristo, morto e ressuscitado para a salvação de todos!

A cruz da Sexta-feira Santa traz a marca pesada da tristeza e do luto. Mas começa a ser Páscoa, quando Você percebe que manchas de tristeza se aninharam na casa de tanta gente. Será Páscoa plena, quando Você tiver substituído toda espécie de tristeza pela alegria, como o sol troca a noite pelo dia. Creio em Jesus Cristo, morto e ressuscitado!

Na Sexta-feira Santa, todos os caminhos se estreitaram em um único: o caminho do Calvário. Mas começa a ser Páscoa, quando você percebe que é preciso abrir e multiplicar os caminhos entre Você e seus irmãos. Será Páscoa plena, quando todos os caminhos estiverem abertos e Jesus Cristo, morto e ressuscitado, for tudo para todos, e o mundo voltar a ser o jardim plantado por Deus no paraíso e recriado pela morte e ressurreição do Senhor Jesus. Creio em Jesus Cristo, morto e ressuscitado!

6

Creio em Jesus Cristo, que desceu à mansão dos mortos

Embora essa afirmação tenha diversas explicações, é uma verdade de fé, inseparável da verdade que Jesus morreu e que Jesus ressuscitou. E justamente quer explicitar o que aconteceu com a alma humana de Jesus desde o momento que expirou na Cruz até a manhã de Páscoa, quando ressuscitou, retomando o corpo, não mais de carne perecível e sujeito a espaço e tempo, mas glorioso e imortal.

O Antigo Testamento imaginava um lugar, nas profundezas da terra, que os mestres e profetas chamavam de Xeol, um termo que não tem outro significado. O Antigo Testamento usou 65 vezes essa palavra, o que mostra a preocupação com o após morte. Quando o Antigo Testamento foi traduzido para o grego, traduziram a palavra "Xeol" por "Hades" que, na mitologia grega, indicava o deus que cuidava do lugar onde os mortos repousavam. Quando a Bíblia foi traduzida para o latim, no lugar do "Xeol" hebraico e do "Hades" grego, entrou a palavra latina "Inferi", que significa o lugar mais baixo, mais na fundura. Em português, "Inferi" deu "Inferno". Com um pormenor: se no plural (Infernos) designava o Hades (Xeol); se usado no singular (Inferno), significava aquela parte do Xeol destinada aos maus, aos que em vida praticaram maldade. Nem o Hades, nem o Xeol fazia essa distinção.

Até a última reforma da Liturgia (anos 70 do século passado), rezávamos o Credo assim: "Desceu aos infernos". Os bispos de língua portuguesa, na ocasião, corrigiram várias orações costumeiras. Deixamos de dizer "Padre Nosso" e passamos a rezar: "Pai Nosso". Deixamos de dizer: "Perdoai as nossas dívidas assim como nós perdoamos aos nossos devedores" e passamos a rezar: "Perdoai as nossas ofensas como nós perdoamos aos que nos têm ofendido". Deixamos de dizer no glória ao Pai: "Assim como era no princípio, agora e sempre, por todos os séculos dos séculos" e passamos a rezar: "Como era no princípio, agora e sempre. Amém". Também no Credo deixamos de dizer "Desceu aos infernos" e passamos a rezar: "Desceu à mansão dos mortos". Mansão aqui entendida como casa, morada.

Com essa tradução, os bispos de língua portuguesa fizeram uma opção. Assumiram a interpretação da maioria dos teólogos. Cito um parágrafo de Santo Irineu († 200), de seu livro *Contra as Heresias*: "O Senhor desceu ao Hades para levar também a eles a boa-nova de sua vinda, que é a remissão dos pecados para os que creem nele. Creem nele todos os que nele esperaram, isto é, que anunciaram sua vinda e cooperaram com suas economias, os justos, os profetas e os patriarcas. Como a nós, também a eles, perdoou os pecados que não lhes devemos mais imputar, se não quisermos desprezar a graça de Deus. Não é justo que acusemos os que pecaram antes da vinda de Cristo. Porque todos os homens precisam da glória de Deus e são justificados, não por si mesmos, mas pela vinda do Senhor".

Vou apenas mencionar duas outras interpretações. Há teólogos que interpretam a descida de Jesus ao Xeol como uma conquista do inferno, ou seja, do reino de Satanás, tomando-lhe as chaves da condenação e salvando a todos, sem exceção, e isso para que seu reino de amor se estendesse nos céus, na terra e no inferno. Lutero, por exemplo, que era teólogo, dá essa interpretação. O cardeal Ratzinger (Bento XVI), em seu famoso livro *Introdução ao Cristianismo*, que são preleções sobre o Credo, publicado em 1967, interpreta "infernos" como extrema solidão, como extrema frustração, como total falimento da existência humana. Tendo alcançado essa profundidade do nada, dela ressurge Jesus, vitorioso sobre a frustração e o nada, ou seja, vitorioso sobre a morte, deixando sem redenção apenas os que preferiram e preferem o fechamento voluntário sobre si mesmos. Esta seria a segunda morte de que fala o Apocalipse (20,14).

O cardeal Tettamanzi, falecido em 2017, que foi arcebispo de Milão, em seu livro *Esta é a nossa fé*, publicado em 2004, fala do encontro de Jesus com os mortos, mas acrescenta mais um sentido para este artigo do Credo: "Não há uma situação ou uma condição humana – ainda a mais contraditória, a mais dramática, a mais desesperadora ou a mais sem sentido – que não seja alcançada por Deus, por seu amor misericordioso, pela presença de seu Filho, que se faz vizinho e solidário a ponto de participar de tudo quanto é humano, menos o pecado. Repetindo as palavras 'desceu aos infernos', nós afirmamos crer que a morte de Jesus é a consequência extrema de um modo coerente de solidariedade com os *últimos*, os oprimidos, os pobres, os pecadores, as vítimas de toda espécie de maldade. Com a morte e a descida às profundezas do inferno, Cristo mostra condividir a inteira e total fragilidade humana. Deus não está presente só em nossos sucessos, nas horas luminosas da vida, mas está presente também lá onde o homem é massacrado, sente-se perdido e até incapaz de recorrer a ele".

Explicados os termos, mencionadas as interpretações, vamos à verdade que professamos: Jesus morreu realmente, esteve junto dos mortos, e ressuscitou, triunfante sobre a morte, ele e todos os que aceitaram sua redenção. Diz o Catecismo da Igreja católica, citando a frase de São Pedro: "A boa-nova foi igualmente anunciada aos mortos" (*1Pd* 4,6): "A descida aos Infernos é o cumprimento, até a sua plenitude, do anúncio evangélico da salvação. É a fase última da missão messiânica de Jesus, fase condensada no tempo, mas imensamente vasta sua significação real de extensão da obra redentora a todos os homens de todos os tempos e de todos os lugares, pois todos os que são salvos se tornaram participantes da redenção".

O Catecismo traz, então, um trecho de uma homilia do século IV, da qual não se conservou o autor. A Liturgia a lê no Sábado Santo, no Ofício das Leituras. Por ser muito expressiva e bonita, transcrevo-a inteira. Observe-se que ainda se chamava a morte de "dormição": "Que está acontecendo hoje? Um grande silêncio reina sobre a terra. Um grande silêncio e uma grande solidão. Um grande silêncio, porque o Rei está dormindo; a terra estremeceu e ficou silenciosa, porque o Deus feito homem adormeceu e acordou os que dormiam há séculos. Deus morreu na carne e despertou a mansão dos mortos.

Ele vai, antes de tudo, à procura de Adão, nosso primeiro pai, a ovelha perdida. Faz questão de visitar os que estão mergulhados nas trevas e na sombra da morte. Deus e seu Filho vão ao encontro de Adão e Eva cativos, agora libertos dos sofrimentos.

O Senhor entrou onde eles estavam, levando em suas mãos a arma da cruz vitoriosa. Quando Adão, nosso primeiro pai, o viu, exclamou para todos os demais, batendo no peito e cheio de admiração: 'Meu Senhor está no meio de nós!'. E Cristo respondeu a Adão: 'E com teu espírito'. E tomando-o pela mão disse: 'Acorda, tu que dormes, levanta-te dentre os mortos, e Cristo te iluminará! Eu sou o teu Deus, que por tua causa me tornei teu filho; por ti e por aqueles que nasceram de ti, agora digo, e com todo o meu poder ordeno aos que estavam na prisão: Saí! E aos que jazem nas trevas: Vinde para a luz! E aos entorpecidos: Levantai-vos!

Eu te ordeno: acorda, tu que dormes, porque não te criei para permaneceres na mansão dos mortos. Levanta-te, obra de minhas mãos! Levanta-te, ó minha imagem, tu que foste criado a minha semelhança! Levanta-te, saiamos daqui, tu em mim e eu em ti, somos uma só e indivisível pessoa.

Por ti, eu, o teu Deus, tornei-me teu filho. Por ti, eu o Senhor, tomei tua condição de escravo. Por ti, eu que habito o mais alto dos céus, desci à terra e fui, até mesmo, sepultado debaixo da terra! Por ti, feito homem, tornei-me como alguém sem apoio, abandonado entre os mortos! Por ti, que deixaste o jardim do paraíso, ao sair de um jardim, fui entregue aos judeus e em um jardim fui crucificado!

Vê em meu rosto os escarros que por ti recebi, para restituir-te o sopro da vida original! Vê na minha face as bofetadas que levei para restaurar, conforme à minha imagem, tua beleza corrompida. Vê em minhas costas as marcas dos açoites que suportei por ti para retirar de teus ombros o peso dos pecados! Vê minhas mãos fortemente pregadas à árvore da cruz, por causa de ti, como outrora estendeste levianamente tuas mãos para a árvore do paraíso!

Adormeci na cruz e por tua causa a lança penetrou em meu lado, como Eva surgiu do teu, ao adormeceres no paraíso. Meu lado curou a dor do teu lado. Meu sono vai arrancar-te do sono da morte. Minha lança deteve a lança que estava dirigida contra ti.

Levanta-te, vamos daqui! O inimigo te expulsou da terra do paraíso; eu, porém, já não te coloco no paraíso, mas em um trono celeste. O inimigo afastou de ti a árvore, símbolo da vida; eu, porém, que sou a vida, estou agora junto de ti. Constituí anjos que, como servos, te guardassem; ordeno agora que eles te adorem como Deus, embora não sejas Deus.

Está preparado o trono dos querubins, prontos e a postos os mensageiros, construído o leito nupcial, preparado o banquete, as mansões e os tabernáculos eternos adornados, abertos os tesouros de todos os bens e o reino dos céus preparado para ti desde toda a eternidade'".

Devo ainda dizer uma palavra sobre o Limbo, uma figura criada pelos teólogos, já no século V, para colocar as crianças não batizadas, já que, para eles, ninguém entra no céu com o pecado original. Limbo é uma palavra latina, que significa "margem". Neste caso, à margem do céu. A Igreja nunca aceitou o Limbo como uma verdade de fé nem próxima de fé. Em

2007, o papa Bento XVI autorizou a publicação de um documento sobre o assunto em que se diz: "Quanto às crianças mortas sem batismo, a Igreja só pode confiá-las à misericórdia de Deus, como o faz no rito das exéquias por elas". Em palavras claras: não existe esse lugar chamado Limbo.

7

Creio em Jesus Cristo, que subiu ao céu

Escreveu o Evangelista Lucas: "Jesus levou os apóstolos até perto de Betânia. Lá, levantou as mãos e os abençoou. Enquanto os abençoava, separou-se deles e foi levado ao céu. E eles, depois de se prostrarem diante dele, voltaram para Jerusalém, com grande alegria. Permaneciam no templo, louvando a Deus" (Lc 24,50-53).

As primeiras comunidades cristãs celebravam em uma só festa a Páscoa, a Ascensão e Pentecostes, segundo sugere o Evangelho de João. Mas os fatos eram tão grandes, que aos poucos foram sendo separados, como sugere Lucas no Evangelho e nos Atos. A Ascensão nos primeiros dois séculos ainda se celebrou junto com Pentecostes. Nos tempos de Santo Agostinho (354-430) já se celebravam as três festas em tempo diferente. O papa São Leão Magno, que morreu em 461, tem duas homilias sobre a Ascensão. Vamos partir de um trecho de sua primeira homilia.

"Durante o tempo decorrido entre a ressurreição e a ascensão do Senhor, a Providência de Deus estabeleceu, ensinou e insinuou diante dos olhos e dos corações dos seus, que reconhecessem ter o Senhor Jesus Cristo verdadeiramente ressuscitado, como verdadeiramente havia nascido, sofrido e morrido. Os bem-aventurados apóstolos e todos os discípulos, atemorizados com a morte na cruz e de fé oscilante na ressurreição, de tal modo se fortaleceram com a evidência da verdade que a subida do Senhor aos céus não somente não os entristeceu, mas ao contrário, encheu-os de grande alegria (Lc

24,52). E, em verdade, grande e inefável motivo de júbilo era elevar-se, na presença de uma santa multidão, uma natureza humana acima da dignidade de todas as criaturas celestes, ultrapassar as ordens angélicas e subir mais alto que os arcanjos e nem assim atingir o termo de sua ascensão senão quando, assentado junto do eterno Pai, fosse associada ao trono de glória daquele a cuja natureza estava unida no Filho. A ascensão de Cristo, portanto, é nossa exaltação e para lá onde precedeu a glória da Cabeça, é atraída também a esperança do Corpo. Exultemos! Hoje, não só fomos firmados como possuidores do paraíso, mas até penetramos com Cristo no mais alto dos céus, tendo obtido pela inefável graça de Cristo muito mais do que perdêramos por inveja do diabo."

Na homilia, o papa São Leão Magno volta a acentuar o fato histórico: Jesus nasceu em carne humana, sofreu a paixão e a morte e ressuscitou. E como ressuscitado confirmou os apóstolos na fé em sua pessoa divina e humana e, portanto, também em seus ensinamentos. Bastaria lembrar o encontro com os discípulos de Emaús, que caminhavam de volta para casa decepcionados com Jesus e descrentes da ressurreição (*Lc* 24,21-24), apesar do sepulcro vazio. Decepcionados também os apóstolos: apesar de terem visto Jesus ressuscitado e comido com ele, voltaram ao seu trabalho de pescadores na Galileia (*Jo* 21,1-4). Foi preciso Jesus voltar novamente a eles, como um mestre que repete e torna a repetir a lição. Poderíamos dizer que os discípulos de Emaús e os muitos cristãos parecidos com eles, precisaram de 11 quilômetros de catequese. Os apóstolos precisaram de 40 dias de aprendizado para se tornarem as testemunhas da ressurreição, a prova definitiva da divindade de Jesus e de sua missão salvadora.

Antes de retornar aos céus, Jesus queria pôr nas mãos dos apóstolos a continuação de sua missão na terra. Eles seriam o prolongamento de seu corpo, os embaixadores de seus planos salvíficos, o Evangelho vivo e vivificante no meio de todas as gerações. Ora, sem a fé, mais firme do que a rocha, eles não iriam mais longe do que as conhecidas praias do mar da Galileia. E eles não tinham esta fé, capaz de fundamentar todo o edifício da nova e eterna aliança. Era preciso passar de uma fé visível, palpável, a uma fé acima de nossos sentidos, como bem disse a Tomé: "Felizes os que creem em mim sem me ver!" (Jo 20,29). Esta fé, sem o apoio dos sentidos, era necessária, porque – ainda em uma homilia de São Leão Magno – "nem correntes nem prisões nem exílios nem fogo nem dilaceramento de feras nem suplícios requintados da crueldade dos perseguidores poderiam provocar vacilações na fé".

Se o reforço corajoso da fé foi a grande ação de Jesus nos apóstolos antes de subir aos céus, a alegria foi uma das primeiras consequências. Lucas confirma que eles sentiram grande alegria e, cheios de alegria, voltaram para Jerusalém (Lc 24,52). Uma alegria que nasce intensa da fé e abrange, de imediato, a virtude irmã, chamada esperança. A ascensão de Jesus marca a meta segura de nossa esperança. Porque o Jesus que hoje subiu aos céus não é o mesmo que desceu dos céus no momento da encarnação. Quando desceu do céu, desceu com sua natureza divina. Hoje subiu aos céus com sua natureza divina e sua natureza humana. Por isso, lembra bem São Leão Magno, com Jesus nossa natureza humana sobe acima dos anjos e se assenta com ele à direita de Deus Pai. Essa é a razão de nossa alegria. Hoje se realiza o sonho de Adão de assentar-se com Deus. O prefácio da festa da Ascensão diz com clareza: Ele subiu aos céus "a fim de nos tornar participantes de sua divindade".

Santo Antônio diz belamente no Sermão da Páscoa: "Descendo do céu, Jesus plantou sua divindade na terra da humanidade; agora, subindo ao céu, estabeleceu firme e para sempre a terra da humanidade no céu". O papa São Leão nos lembrou que na ascensão do Senhor ganhamos muito mais do que perdêramos por inveja do diabo. No paraíso terrestre perdemos a imortalidade e a inocência. Agora, além de readquirir a imortalidade e a santidade, nós nos assentamos com Jesus à direita do Pai, criador de Adão e Eva.

A verdade de fé da ascensão de Jesus aos céus reforça outra verdade: o céu existe, ainda que escape do alcance de nossa inteligência capaz apenas de captar o que está dentro do tempo e do espaço. O céu está fora do tempo e do espaço. E também fora do tempo e do espaço está o que chamamos de vida eterna, que tem tudo a ver com o paraíso. Quando os cristãos falam em céu e vida eterna não estão usando uma linguagem mitológica, mas estão expressando uma verdade já vivida por Jesus Deus-Homem e Homem-Deus. Exatamente a vida eterna no paraíso é a razão da esperança humana, esperança que vai além da existência física e se enraíza na subida corporal de Jesus ao céu.

Portanto, ao dizermos que Cristo subiu aos céus, afirmamos que um dia ele desceu dos céus; afirmamos a existência do céu, fora do tempo e do espaço, que são categorias humanas que envolvem a vida terrena; afirmamos que este céu, no qual Jesus entrou na ascensão, é também nosso destino, porque hoje, ao subir aos céus, Jesus levou consigo nossa natureza humana; afirmamos que essa é verdadeira e única fé cristã, razão da vinda do Filho de Deus ao mundo; afirmamos que essa fé, se verdadeira, transforma-nos de pecadores medrosos e desconfiados em testemunhas do Senhor Jesus morto e ressuscitado e glorificado para nossa salvação; afirmamos que ser testemunhas da ressurreição e glorificação nos enche de grande alegria, porque nos garante nossa subida aos céus, quando terminarmos (como Jesus terminou um dia) nossa passagem pela terra. E é aqui, diante da verdade da ascensão, que se fundem a plenitude da fé e a imutável profissão da esperança (cf. *Hb* 10,22-23).

Falamos da fé e da esperança. Antes de subir aos céus, Jesus enviou os apóstolos "até os confins da terra" (*At* 1,8). Para quê? Para levar a grandiosa e inédita mensagem da ressurreição de Jesus e da glorificação da natureza humana. Eles deviam "testemunhar", ou seja, proclamar e defender essa verdade com palavras, gestos e comportamento de vida. Ora, esta é a verdadeira caridade: a vivência do bem, a pregação do bem, a doação, a vida em benefício do bem. Bem aqui pode ser entendido como sinônimo de Deus (São Francisco chama a Deus de Bem, Bem universal, sumo Bem) ou como antônimo de mal e maldade e coisa errada, ou como qualidade de nosso comportamento, qualidade que copiamos de Deus, que conhecemos na pessoa de Jesus de Nazaré. Jesus fez da caridade-amor o maior e único mandamento. Se a verdade da ascensão, que envolve a divindade e a humanidade, a criatura e o Criador, é a exaltação da fé e da esperança, podemos dizer que hoje a caridade se derramou por toda a face da terra e se tornou a alimentadora da fé, a propulsora da esperança; e as três juntas o elã vital do Corpo de Jesus na terra, chamado Igreja, chamado Comunidade Cristã.

O Credo diz que Jesus se assentou à direita de Deus. A expressão significa que ele reassumiu todo o poder divino, e vem do Salmo 110,1: "Assenta-te a minha direita até que ponha teus inimigos por escabelo de teus pés". Jesus profetizou diante de Caifás: "Um dia vereis o Filho do Homem sentado à direita do Todo-Poderoso, vindo sobre as nuvens do céu" (*Mt* 26,64). São Pedro escreveu em sua primeira carta: "Jesus subiu ao céu e está à direita de Deus, depois de receber a submissão dos anjos, das autoridades e dos poderes" (*1Pd* 3,22). São Paulo usa a mesma expressão na carta aos romanos: "Cristo Jesus, que morreu e ressuscitou, está à direita de Deus pai intercedendo por nós (*Rm* 8,34). E escreveu na carta aos Efésios: "Deus ressuscitou Jesus dos mortos e o fez sentar-se a sua direita nos céus, acima de todo principado, autoridade, poder e domínio, e de tudo o que tem nome, não só no presente, mas também no futuro. Colocou debaixo de seus pés todas as coisas e o constituiu cabeça suprema de toda a Igreja" (*Ef* 1,20-23). São Paulo volta a usar a expressão na carta aos colossenses: "Se fostes ressuscitados com Cristo, procurai as coisas do alto, onde Cristo está sentado à direita de Deus" (*Cl* 3,1). Por ao menos quatro vezes o autor da carta aos Hebreus lembra Jesus sentado à direita de Deus

(1,3.13;10,12;12,2). O Apocalipse coloca Jesus no próprio trono de Deus (*Ap* 22,3).

Como não lembrar a profecia de Daniel: "Foram-lhe dados domínio, glória e realeza. Seu domínio é eterno e não acabará. Seu reino jamais será destruído" (*Dn* 7,14).

8

Creio em Jesus Cristo, juiz dos vivos e dos mortos

Para quem crê, o Evangelho de Mateus é claro: "Quando o Filho do homem vier em sua glória com todos os seus anjos, então se assentará em seu trono glorioso. Em sua presença, todas as nações se reunirão e ele vai separar uns dos outros, como o pastor separa as ovelhas dos cabritos. Colocará as ovelhas a sua direita e os cabritos à esquerda. E o rei dirá aos que estiverem a sua direita: Vinde, benditos de meu Pai, tomai posse do Reino preparado para vós desde a criação do mundo... Depois dirá aos da esquerda: Afastai-vos de mim, malditos, para o fogo eterno, preparado para o diabo e seus anjos" (*Mt* 25,31-34; 41).

A verdade do Credo especifica que Jesus virá do céu, da mão direita do Pai, onde está assentado. Mão direita é um símbolo do poder divino, poder de criar, julgar, condenar, libertar, ordenar e abençoar. O mesmo evangelista Mateus põe nos lábios de Jesus, no momento de subir ao céu: "Todo poder me foi dado no céu e na terra" (*Mt* 28,18). Portanto, na verdade do Credo está contida também esta outra verdade: Jesus tem poder divino de julgar, condenar, absolver, santificar.

O texto de Mateus chama Jesus de "Filho do Homem". Ele buscou esse apelido em uma profecia de Daniel: "Vi aproximar-se nas nuvens de céu, alguém como um filho de homem... Foram-lhe dados domínio, glória e realeza, e todos os povos, nações e línguas o serviam. Seu domínio é eterno e não acabará, seu reino jamais será destruído" (*Dn* 7,13-14). Aliás, o próprio Jesus se deu esse apelido e os Evangelhos o acentuam

(30 vezes em Mateus; 14 vezes em Marcos; 25 vezes em Lucas e 11 vezes em João). Quem virá, portanto, julgar os vivos e os mortos não é apenas o Filho de Deus existente e Deus antes de todos os tempos, mas o Filho de Deus feito homem e nascido da Virgem Maria. Alguém revestido de nossa humanidade, mas com todos os poderes divinos, como é Jesus assentado à direita do Pai na Ascensão, Jesus com as duas naturezas, a divina e a humana.

Essa segunda vinda de Jesus (a primeira aconteceu no Natal) foi chamada por São Paulo de "Parusia". No linguajar profano, parusia era o nome que se dava à chegada do rei à província ou à cidade. Essa chegada era anunciada com antecedência para dar tempo de arrumar as estradas, consertar as pontes, para que o cortejo pudesse chegar sem dificuldade com suas carroças e cavalos de montaria. A parusia significava, então, melhoramento, progresso, festa. Paulo aplicou a palavra à vinda gloriosa de Jesus. Assim deseja aos Tessalonicenses: "Que Deus confirme vossos corações e os torne irrepreensíveis e santos por ocasião da vinda (parusia) de Nosso Senhor Jesus Cristo com todos os seus santos" (1Ts 3,13). Na mesma carta repete: "Que todo o vosso espírito, alma e corpo se conservem sem mancha para a vinda (parusia) de Nosso Senhor Jesus Cristo" (5,23).

Esse momento é, muitas vezes, chamado de Juízo Final. Porque é o fim da missão salvadora de Jesus e o fim de nossa peregrinação santificadora na terra. A missão de Jesus só termina quando ele entrega ao Pai suas criaturas redimidas, ressuscitadas, gloriosas, como ele é ressuscitado e glorioso. Lembremos as palavras de Jesus na Última Ceia: "Na casa de meu Pai há muitas moradas. Eu vou preparar-vos um lugar para vós. Quando tiver ido e preparado um lugar para vós, eu voltarei novamente e vos levarei comigo para que, onde eu estiver, estejais também vós" (Jo 14,2-3).

A verdade do Credo não diz quando acontecerá a segunda vinda de Jesus. Há teólogos que acham que esse juízo só acontecerá quando acabar o mundo. A gente do Antigo Testamento e os contemporâneos de Jesus pensavam que a primeira vinda do Messias também seria de forma triunfante. Talvez, o Messias descendo em pleno átrio do templo, em dia de grande festa popular, trazido em um carro de fogo pelo serafins e querubins, ao som dos clarins tocados pelos anjos e arcanjos. Como isso não aconteceu, porque o Messias escolheu vir na humildade de uma gruta de animais, muitos imaginam que, ao menos a segunda vinda, será triunfal. Mas "vir em sua glória" não significa vir com estardalhaço. Lembremos que também a "vinda" de Jesus na Eucaristia acontece na extrema humildade de um pedaço de pão e de uma taça de vinho.

Talvez a parusia, a segunda vinda, aconteça na hora da morte de cada pessoa. Porque na hora de nossa morte, terminam o tempo e o espaço, terminam a luz do sol e a candura luminosa da lua, termina a diferença entre mar e serra. É verdade de fé que Maria foi levada ao céu em corpo e alma, terminados os dias de sua vida terrena. Assim também deverá acontecer conosco. Nossa morte física é o fim de nossa peregrinação na terra, o fim de nossa caminhada de santificação e nossa entrada na eternidade de Deus. Com isso, termina também a missão de Jesus Salvador de me conduzir até a morada do Pai.

Temos de passar pelo julgamento. Temos que nos encontrar com Jesus Juiz, porque ele é o único caminho que leva à porta da eternidade e ele é a própria e única porta de entrada. Também nesse momento é verdadeira a afirmação de Jesus: "Eu sou a porta. Quem entrar por mim será salvo" (*Jo* 10,9). Temos que fazer juntos, sendo Jesus o juiz, um balanço da fé, da esperança e da caridade vividas na terra. Da fé em Jesus Filho de Deus Salvador ("Quem crê em mim, ainda que esteja morto viverá; e quem vive e crê em mim, jamais morrerá" – *Jo* 11,25-26). Da esperança da vida eterna com Deus ("Se acreditas, verás a glória de Deus" – *Jo* 11,40). Da caridade, mandamento único de Jesus, praticada com o próximo (*Mt* 22,38-40).

A verdade do Credo nos ensina que Jesus julgará os vivos e os mortos. São Pedro é claro no discurso pronunciado em Cesareia: "Deus nos mandou pregar ao povo e testemunhar que Jesus foi constituído juiz dos vivos e dos mortos" (*At* 10,42). Que significa "vivos e mortos"? Pelas cartas de São Pedro e São Paulo, sabemos que os cristãos, daquele tempo, esperavam o retorno de Jesus para breve. Não se lembravam que Deus está fora da categoria do tempo. Imaginavam uma volta triunfal, inesperada (porque Jesus mesmo dissera que o fim do mundo viria de forma inesperada). Naquele momento muitos estariam mortos e muitos ainda estariam vivos. Essa ideia a tem São Paulo, quando escreveu ao Tessalonicenses: "Eis o que vos declaramos conforme a palavra do Senhor: nós que ficamos ainda vivos, não precederemos os mortos na vinda (parusia) do Senhor. Quando for dado o sinal, à voz do arcanjo e ao som da trombeta de Deus, o próprio Senhor descerá do céu, e os que morreram em Cristo ressuscitarão primeiro. Depois, nós, os vivos, que estamos ainda na terra, seremos arrebatados juntamente com eles para as nuvens ao encontro do Senhor. Assim estaremos sempre com o Senhor" (*1Ts* 4,15-17). São Pedro fala dos que zombam dos cristãos por que não acontecera o retorno do Cristo (*2Pd* 3,3-4). E Tiago pede paciência e volta a confirmar que a "vinda do Senhor está próxima; o Juiz está às portas" (*Tg* 5,8-9). O Apocalipse inteiro olha para a segunda vinda de Cristo.

Segundo Paulo, Pedro e Tiago, portanto, "mortos" seriam aqueles que já estariam sepultados e "vivos" os que ainda estariam em vida, presenciando a chegada gloriosa do Senhor. Mas isso não aconteceu. O "logo" pertence ao tempo, ou seja, é uma categoria humana. Para Deus não há "logo", "mais tarde". Os cristãos do tempo dos apóstolos esqueceram que os fatos de Deus não se podem expressar pela linguagem humana. Prefiro pensar os "vivos" como sendo aqueles que morrem na graça, que praticaram o bem, que creram no Senhor Jesus. E os "mortos" são os que, em vida, praticaram o mal, não creram em Jesus como Filho de Deus Salvador. Aos primeiros Jesus chamou de "ovelhas"; aos segundos chamou de "cabritos" (*Mt* 25,33). Santo Agostinho admite as duas interpretações, em seus livros sobre *A Fé o Símbolo* e *Explicação do Símbolo*: "Vivos são os que ainda vivem, e mortos os que já morreram. Mas vivos também pode significar os justos, e mortos os injustos. Deus julga um e outro". Como os caminhos da santificação são muitos e como ninguém é juiz de seu irmão, só mesmo Deus pode julgar vivos e mortos.

Gostaria de lembrar, nesse momento, um consolador texto do Concílio Vaticano II. É do documento sobre a Igreja no mundo de hoje, intitulado *Gaudium et Spes* (Alegria e Esperança). Esse texto me diz por que eu não tenho condições de ser juiz de meu irmão e dizer se ele é "ovelha" ou "cabrito". Só Deus, o único que vê os recônditos do coração (*Rm* 8,27), pode ser o juiz: "O homem tem uma lei escrita por Deus em seu coração. Obedecer a ela é a própria dignidade do homem, que será julgado de acordo com essa lei. A consciência é o núcleo secretíssimo e o sacrário do homem, onde o homem está sozinho com Deus e onde ressoa sua voz. Pela consciência se descobre, de modo admirável, aquela lei que se cumpre no amor de Deus e do próximo" (*GS*, 16).

Se somos amigos de Jesus, não devemos ter medo do julgamento. Santo Agostinho disse no Sermão 215,6: "Reconheçamos agora Jesus como nosso Salvador para não o temer depois como Juiz. Quem agora crê nele e o ama não se encherá de medo quando ele vier 'julgar os vivos e os mortos' (*2Tm* 4,1; *1Pd* 4,5). Longe de ter medo dele, deseje sua vinda. Pode haver felicidade maior do que a vinda do Amado (*Ct* 2,8)? Não temamos: o nosso Juiz é aquele que, agora, é nosso Advogado (*1Jo* 1,8ss; 2,1; *Hb* 7,22; 9,24). Suponhamos que Você se encontre em uma situação em que deverá ser julgado por um juiz. Você escolhe um advogado de confiança para sua defesa. Se, antes da sentença, Você receber a notícia que exatamente seu advogado foi nomeado para julgar sua causa, não sentiria alívio e alegria? Ora, Jesus é aquele que *agora* intercede por nós (*1Jo* 1,2). Vai ter medo dele como Juiz? Se ele primeiro nos defendeu, esperemos sem medo seu julgamento!".

Creio no Espírito Santo

Já meditamos sobre a Encarnação de Jesus, Filho de Deus. Eu dizia que estávamos diante de um mistério inédito e inefável: o Filho de Deus é obra e graça do Espírito Santo: "O Espírito Santo virá sobre ti e o poder do Altíssimo te cobrirá com sua sombra. Por isso, o menino que vai nascer de ti será chamado Filho de Deus!" (Lc 1,35).

Já meditamos sobre Jesus Cristo, morto e ressuscitado. A Carta aos Hebreus nos diz que Jesus, por seu sangue derramado na cruz, conseguiu para nós uma redenção eterna. Foi o Espírito Santo, ensina-nos a Carta, que fez do sangue de Cristo uma oferenda imaculada, capaz de limpar as obras más de nossa consciência e nos fazer servos do Deus vivo (cf. Hb 9,14).

Já meditamos sobre Jesus Cristo, morto e ressuscitado. São Paulo escreve aos romanos que foi o "Espírito Santo que ressuscitou Jesus dos mortos. E o mesmo Espírito Santo habita em nós para dar aos nossos corpos mortais a vida eterna" (8,11).

Creio no Espírito Santo, que fecundou Maria. Creio no Espírito Santo, que Jesus, ao morrer na cruz, entregou nas mãos do Pai: "Em tuas mãos, Pai, entrego meu Espírito". Creio no Espírito Santo, que ressuscitou Jesus dos mortos.

O Antigo Testamento falava em Espírito, mas nem os patriarcas nem os profetas nem os sábios de Israel podiam imaginar que ele era uma pessoa, sem quebrar a unicidade de Deus. Lembremos apenas uma passagem do profeta Isaías, citada pelo próprio Jesus e por ele aplicada a sua pessoa na sinagoga de Nazaré: "O Espírito do Senhor está sobre mim. Ele me ungiu para anunciar a boa-nova aos pobres. Ele me enviou para proclamar aos presos a libertação e anunciar a graça do Senhor. Hoje se cumpriu esta passagem que acabais de ouvir" (Lc 4,18-19). Foi Jesus quem revelou a pessoa divina do Espírito Santo. E Jesus podia fazê-lo, porque era ele mesmo Deus: "Felipe, quem me vê, vê o Pai. Não crês que eu estou no Pai e o Pai está em mim?" São muitos os textos do Evangelho, dos Atos, das cartas apostólicas que falam do Espírito Santo. Recordo a passagem do Testamento de Jesus, na Última Ceia: "Eu pedirei ao Pai e ele vos dará o Paráclito, que estará convosco para sempre. Ele é o Espírito da verdade. Ele é o Espírito Santo, que o Pai enviará em meu nome. Ele vos ensinará tudo e vos recordará todos os meus ensinamentos" (Jo 14,16.26).

Eu, Jesus, peço ao Pai que mande o Espírito Santo: três pessoas, um só Deus.

O Espírito Santo foi enviado no dia de Pentecostes, que era a festa hebraica da consagração dos primeiros frutos da terra a Deus e a festa da aliança feita por Deus com o povo no Monte Sinai. A partir de agora, Pentecostes é a festa em que o Espírito Santo de Deus entrega ao Pai os frutos da missão de Jesus sobre a terra, e renova com o Pai a aliança para sempre entre o Criador e as criaturas. O Espírito Santo dá-se a si mesmo como garantia dessa nova aliança, conquistada com o sangue de Cristo. Por isso, a partir de Pentecostes, ele, o Espírito Santo, torna-se a alma da Igreja. O mesmo Espírito Santo que fecundou o corpo e Maria, fecunda agora o Corpo místico de Cristo, que é a Igreja.

Assim como meu corpo não vive sem a alma, a Igreja não vive sem o Espírito Santo. O Espírito Santo vive na Igreja como a alma vive em meu corpo. E é ele, o Espírito Santo, que testemunha o Senhor Jesus e garante a fidelidade da nova aliança entre o Deus Onipotente, Criador do céu e da terra, e as frágeis criaturas humanas.

Como alma da Igreja, o Espírito Santo age de muitos modos. Por exemplo, na efusão de seus sete dons: sabedoria, inteligência, conselho, fortaleza, ciência, piedade e temor de Deus. Esses sete dons não os encontramos citados assim e nesta ordem nos Evangelhos. Encontramo-los citados, em diferentes contextos, nas cartas paulinas. Encontramo-los juntos, menos um, em um texto messiânico do Profeta Isaías: "Um broto sairá do tronco de Jessé [pai de Davi] e um rebento brotará de suas raízes. Sobre ele repousará o Espírito do Senhor, Espírito de Sabedoria e Entendimento, Espírito de Conselho e Fortaleza, Espírito de Ciência e Temor do Senhor" (*Is* 11,1-2). Isaías não menciona a Piedade, porque considera a Piedade a soma de todos os esses dons.

Reflitamos sobre o dom do *Temor de Deus*. Precisamos prestar atenção a essa expressão em português. Aqui, "temor" não significa medo, como o medo de assalto, o medo de perder o emprego ou o medo de não sermos compreendidos. Também não significa o medo do inferno ou o medo de alguém nos prejudicar com feitiços ou trabalhos de baixa macumba. Seria melhor em português traduzir esse dom do Espírito Santo com a palavra "respeito" ou "reverência". Esse dom do Espírito Santo nos faz olhar para Deus com olhos de criaturas humildes. Belo exemplo de temor de Deus nos deu São Francisco de Assis, quando rezava: "Senhor, quem sois vós e quem sou eu? Vós o Altíssimo Senhor do céu e da terra e eu um miserável vermezinho, vosso ínfimo servo".

Vamos ao dom da *Piedade*. De novo devemos prestar atenção ao sentido. Ela não significa apenas oração feita, joelhos dobrados, terço na mão. Ela significa reconhecer a Deus como criador e pai e nos reconhecer a nós como criaturas dependentes de Deus e filhos que o amam de todo o coração e tem em Deus uma confiança filial. Esse dom junta os cacos de nosso desequilíbrio e nos faz um vaso inteiriço de louvor a Deus e de amor ao próximo.

Enumero como terceiro dom o da *Ciência*. Novamente devemos prestar atenção, porque a palavra "ciência" aqui não significa o saber acadêmico, os doutorados, a pesquisa científica. Mas significa a capacidade de ver em todas as coisas criadas a mão de Deus, a presença de Deus. Significa ver em todas as coisas e em todos os fatos como que uma escada que faz subir para Deus. Temos um grande exemplo, novamente, em São Francisco de Assis em seu "Cântico das Criaturas". O sol, a lua, as estrelas, o fogo, a água, o vento, as flores, a própria morte são sinais de Deus e com essas criaturas Francisco canta os louvores ao "Altíssimo, onipotente e bom Senhor". Para isso não se precisa de estudo e cultura. Precisa-se de um coração voltado para o Senhor.

Quarto dom: a *Fortaleza*. Todos nós temos a experiência de obstáculos e dificuldades, de angústias e desesperos na vida. Manter íntegra a confiança em Deus em todas as circunstâncias, deixar-se guiar por sua mão, ainda que o caminho passe pelo Calvário e nossos olhos se ceguem de tantas lágrimas de dor. Isso é Fortaleza, esse é o dom do Espírito Santo que podemos pedir. Não me lembro de outro exemplo mais bonito do que o do Apóstolo Paulo, quando escreve aos Romanos: "Quem nos separará do amor de Cristo? O sofrimento, a angústia, a perseguição, a fome, a nudez, o perigo, a espada? Tudo isso vencemos por aquele que nos amou. Estou persuadido de que nem a morte nem a vida nem os anjos nem a altura nem a profundeza poderão separar-nos do amor de Deus manifestado em Jesus Cristo Nosso Senhor" (*Rm* 8,35ss).

Vem, então, o dom do *Conselho*. Geralmente, esse dom vem agarrado na prudência. Quem não tem prudência, não tem bom conselho nem para dar nem para receber. Quantas vezes temos de refletir, pesar os prós e os contras antes de tomar uma decisão. Todos nós passamos por situações em que devemos escolher, optar, decidir. Quantas vezes alguém se aproxima do padre ou de uma pessoa amiga, descreve uma situação pessoal e pergunta: "Que devo fazer?". Aqui entra também outra dimensão do conselho. A dimensão voltada para quem precisa de nossa ajuda. Dar conselho é uma obra de caridade. Mas é bem mais difícil do que dar esmola, visitar enfermos e enterrar mortos. Desconfiemos dos conselhos de quem tem solução fácil para tudo. Só pode dar conselho, ser porta-voz do Espírito Santo, uma pessoa de coração humilde, prudente, orante e bom.

Para falar do dom da *Inteligência*, recorro à etimologia da palavra: *intus* (pelo lado de dentro) e *leggere* (ler). Em outras palavras, ler no coração. O dom da Inteligência nos faz compreender sempre mais as razões de nossa fé e de nossa esperança. Esse dom pede de cada pessoa a leitura atenta da Sagrada Escritura, o estudo do significado das palavras, das frases e do contexto, a contemplação da Palavra divina e, sobretudo, a capacidade de transformar a leitura, o estudo e a reflexão em oração. Quando transformamos a leitura em oração, ela torna-se espírito e vida, e é esse o dom da Inteligência.

Finalmente, enumero o dom da *Sabedoria* que, normalmente, vem citado por primeiro. De novo, devemos prestar atenção: sabedoria aqui não significa estudo acadêmico, o conhecer muitas matérias. Mas prende-se ao sentido etimológico da palavra. A palavra *sabedoria* é parenta de *sabor*, gosto. Todos nós conhecemos a diferença entre uma comida que tem sabor e uma comida sem sabor. O dom da Sabedoria é o gosto pelas coisas de Deus. Se eu tenho uma fruta diante de mim e quero saber que gosto tem, posso abrir os livros, admirar as fotografias coloridas da fruta, posso saber o tipo de árvore que a produziu. Mas tudo isso não me dá o gosto da fruta. Uma simples mordida na fruta me diz muito mais do gosto dela que todos os livros. Por isso, não basta ler sobre Deus. Não basta saber teorias sobre Deus e Jesus Cristo. Preciso experimentar, sentir o gosto de Deus. A Sabedoria, o gosto pelas coisas de Deus, envolve nossa inteligência, nossa vontade, nosso coração; envolve nosso modo de ser, de pensar, de fazer, de rezar. Então compreendemos por que a Bíblia diz que "a Sabedoria vale mais que tronos e reinos. Vale mais que a saúde e a beleza. Vale mais que a própria luz. Porque a Sabedoria é a mãe de todos os bens" (*Sb* 7,7ss).

Termino com uma estrofe de um hino escrito por Santo Ambrósio († 397), transformado em hino litúrgico e rezado até hoje: "Espírito Santo, / Clarão da glória do Pai, / Ó luz, que a Luz origina, / Sois Luz de Luz, fonte viva, / Sois Luz que ao dia ilumina.

10

Creio na Santa Igreja Católica

Vejamos primeiro a origem linguística do substantivo "igreja" e do adjetivo "católica". Disse de propósito "substantivo" e "adjetivo", porque o adjetivo qualifica o substantivo. O adjetivo "'católica'" me indica em qual igreja eu creio. A palavra igreja é uma palavra grega (eclesía), muito usada pelo povo para indicar uma assembleia, que era convocada por um arauto. O verbo grego "ecskálein" significa convocar. Dentro do substantivo "eclesía" está, portanto, a ideia de uma convocação, de uma reunião dinâmica. O Antigo Testamento usou essa palavra, quando traduziu os textos para o grego. Mas a palavra "eclesía" entra em cheio no Novo Testamento, sobretudo nas cartas de São Paulo. São Paulo emprega a palavra 65 vezes; os Atos 23 vezes; o apocalipse 20 vezes. Também Mateus, João e Tiago usam a palavra.

Já desde São Paulo a palavra "igreja" pode ter três significados, mas os três significados se completam. Pode significar a assembleia do povo em torno da celebração litúrgica (Eucaristia). Assim, escrevendo aos coríntios: "Ouvi dizer que, ao vos reunirdes em assembleia (eclesía), há divisões entre vós" (1Cor 11,18). Pode significar a comunidade local: "Paulo à igreja de Deus em Corinto..." (1Cor 1,2). Pode significar a comunidade de todos os que creem em Cristo: "Certamente ouvistes dizer como eu vivia antes no judaísmo e perseguia ferrenhamente a Igreja de Deus e procurava exterminá-la" (Gl 1,13). De fato, a Igreja é o povo batizado, que se reúne em qualquer parte do mundo para celebrar a Eucaristia, memória da Paixão, Morte e Ressurreição de Jesus.

A Igreja tem outros nomes, que exprimem sua missão: Família de Deus, Reino dos Céus (Mt 13,24.31.44.45.47), Reino de Deus (*Lc* 4,26.30), Rebanho, (*Jo* 10,1-10). São Paulo chama a Igreja de Edifício de Deus em construção (*1Cor* 3,9). São Paulo chama a Igreja com um nome muito querido ao Antigo Testamento: Esposa de Cristo (*Ef* 5,25-27). É ainda Paulo que chama a Igreja com um nome que a honra sumamente, além de expressar sua missão na terra: Corpo de Cristo (*1Cor* 12,27). "Católica" também é uma palavra grega. Não esqueçamos que o cristianismo conheceu o Antigo Testamento na versão grega. E todo o Novo Testamento foi escrito em grego. O adjetivo "católico" significa "universal". O primeiro autor a dar esse adjetivo à Igreja foi Santo Inácio de Antioquia († 110), na Carta aos Esmirnenses: "Sem o bispo ninguém faça nada do que diz respeito à Igreja. Onde está o bispo, aí está o povo, do mesmo modo que onde está Jesus Cristo aí está a Igreja católica". O termo católico, universal, não só tinha um significado geográfico, isto é, que a mensagem do Evangelho se destinava a todos, sem exceção de povo ou pessoa, mas também que a mensagem evangélica levada pela Igreja devia ser integral, sem cortes nem escolha. Nesse sentido, católico se opunha a herege (do verbo "hérein", ou seja, escolher), que escolhia alguns textos e excluía outros.

Santo Irineu († 202) escreveu um grosso livro para defender a fé católica das heresias. Copio um trecho muito expressivo: "A Igreja espalhada pelo mundo inteiro até os confins da terra recebeu dos apóstolos e seus discípulos a fé em um só Deus, Pai onipotente, que fez o céu e a terra; em um só Jesus Cristo, Filho de Deus, encarnado para nossa salvação; e no Espírito Santo que, pelos profetas, anunciou a economia de Deus, a vinda, o nascimento de uma Virgem, a paixão, a ressurreição dos mortos, a ascensão ao céu. Tendo recebido esta pregação e essa fé, a Igreja, mesmo espalhada por todo o mundo, guarda-as com cuidado, como se morasse em uma só casa, e crê do mesmo modo, como se possuísse uma só alma e um só coração; unanimemente as prega e ensina como se possuísse uma só boca. Assim, embora pelo mundo sejam diferentes as línguas, o conteúdo da tradição é um só e idêntico. Como o sol, criatura de Deus, em todo o mundo é um só e o mesmo, assim a luz da pregação da verdade brilha em todo o lugar e ilumina todos os homens que querem chegar ao conhecimento da verdade" (*Contra as Heresias*, I, 10,1-2).

Trago outro texto antiquíssimo, de São Cirilo de Jerusalém († 386). Resume bem o que vínhamos dizendo: "A Igreja é chamada *católica*, porque está espalhada por toda a terra, de um confim a outro, e está aberta a todos: a chefes e súditos, a doutos e analfabetos; e porque limpa todo tipo de pecado que se possa cometer. A justo título é chamada de *Igreja*, porque convoca e reúne todos os homens. Na Igreja ressoa o louvor dos santos do Senhor, 'cujo nome é glorificado entre os povos desde o nascer ao pôr do sol' (*Ml* 1,11). Nessa *Santa Igreja Católica* você renasceu. Se um dia você caminhar pela cidade, não pergunte onde fica o Kyriakón (o templo do Senhor), porque também as seitas heréticas chamam suas espeluncas de templo do Senhor. Também não pergunte, simplesmente, onde fica a igreja, mas pergunte onde fica a *Igreja católica*. Essa é, na verdade, o verdadeiro nome da Igreja, que é santa e mãe de todos nós. Ela é a esposa de Nosso Senhor Jesus Cristo, Filho Unigênito de Deus" (*Catequese XVIII*, 23-27).

O Credo chamado Apostólico afirma que a Igreja é santa. O Credo aprovado pelo Concílio Ecumênico de Niceia (325) e acrescido e confirmado para toda a Igreja pelo Concílio de Constantinopla (381), acrescenta mais dois adjetivos: una e apostólica. São, portanto, quatro os adjetivos que caracterizam a Igreja: una, santa, católica e apostólica. Já vimos o significado de "católica". Para o significado de "una" recorro a mais um grande bispo da Igreja, São Cipriano de Cartago († 258), que teve de enfrentar várias heresias, cismas e perseguições. Ele escreveu um livro sobre a unidade da Igreja. Desse livro copio alguns trechos: "O Senhor edifica sua Igreja sobre um só. Embora conceda igual poder a todos os apóstolos depois de sua ressurreição, dizendo: 'Assim como o Pai me enviou, eu vos envio! Recebei o Espírito Santo! Se perdoardes os pecados de alguém, ser-lhe-ão perdoados, se os retiverdes, não serão perdoados' (Jo 20,21-23). No entanto, para manifestar a unidade, dispôs, por sua autoridade, a origem dessa mesma unidade, partindo de um só. Sem dúvida, os demais apóstolos eram como São Pedro, dotados de igual participação na honra e no poder, mas o princípio parte da unidade, para que se demonstre ser única a Igreja de Cristo. Julga conservar a fé quem não conserva essa unidade da Igreja? Confia estar na Igreja quem se opõe e resiste à Igreja? Quando o próprio bem-aventurado apóstolo Paulo ensina a mesma coisa e mostra o mistério da unidade dizendo: 'Um corpo e um espírito, uma esperança de vossa vocação, uma fé, um batismo, um Deus' (Ef 4,4-6). Igreja é uma, embora compreenda uma multidão sempre crescente com o aumento de sua fecundidade. Assim como há uma só luz nos muitos raios do sol, uma árvore em muitos ramos, um só tronco fundamentado em raízes tenazes, muitos rios de uma única fonte, assim também essa multidão guarda a originalidade da origem, se bem que pareça ser dividida por causa da abundância inumerável dos que nascem com prodigalidade. A unidade da luz não comporta que se separe um raio do centro solar; um ramo quebrado da árvore não cresce; cortado de sua fonte, o rio seca imediatamente. Do mesmo modo a Igreja do Senhor que, como luz derramada estende seus raios em todo o mundo, é uma única luz que se difunde sem perder sua própria unidade. Ela desenvolve seus ramos por toda a terra, com grande fecundidade; ela derrama ao longe seus rios, com toda a liberalidade, e, no entanto, é uma na cabeça, uma pela origem, uma mãe imensamente fecunda. Nascemos todos de seu ventre, somos nutridos com seu leite e animados por seu espírito. Não pode ter Deus por Pai quem não tem a Igreja por Mãe" (n. 4, 5 e 6).

    A Igreja sempre se considerou apostólica. Como disse São Paulo: "edificada sobre o fundamento dos apóstolos e profetas, tendo como pedra principal o próprio Cristo Jesus, sobre quem o inteiro edifício, harmonicamente disposto, une-se e cresce" (*Ef* 2,20-21).

A Igreja é santa, porque seu fundador, cabeça e fundamento é santo. É santa porque o próprio Espírito Santo é a alma da Igreja. Recorro a um santo dos nossos dias, o papa São Paulo VI, disse na audiência pública do dia 20 de outubro de 1965: "Nossa Igreja, toda santa e luminosa, é real ou ideal? É um sonho? É uma utopia? Existe de fato? A Igreja que nós conhecemos, a Igreja que somos não está cheia de imperfeições e deformidades? A Igreja histórica e terrena não é composta de homens frágeis, cheios de culpas e pecadores? Não estamos vendo a gritante contradição entre a santidade que a Igreja prega e a que deveria ser sua santidade, sua condição? Não é isso motivo de ironias, antipatia e até de escândalo? Sim, isso é verdade! Os homens que compõem a Igreja são feitos do barro de Adão e podem ser, e muitas vezes o são, pecadores. A Igreja é santa em suas estruturas e pode ser pecadora nas criaturas humanas que a compõem. É santa à procura da santidade; é santa e penitente ao mesmo tempo; é santa em si mesma, enferma nos que a compõem. Esse fato da enfermidade moral em tantos homens da Igreja é uma terrível e desconcertante realidade. Não podemos esquecer esse fato. Mas isso não altera a outra realidade, a realidade do plano de Deus, em parte alcançada pelos santos, a realidade estupenda da santidade da Igreja".

Terminamos nossa reflexão com o que diz o Concílio Vaticano II, no documento sobre a Igreja, chamado *Lumen Gentium* (Luz dos Povos): "Esta é a única Igreja de Cristo, que no Credo confessamos una, santa, católica e apostólica; que nosso Salvador depois da Ressurreição entregou a Pedro para apascentar (*Jo* 21,17) e confiou a ele e aos demais apóstolos para propagar e reger (*Mt* 28,18ss), levantando-a para sempre como 'coluna e fundamento da verdade' (*1Tm* 3,15). Esta Igreja, constituída e organizada neste mundo como uma sociedade, subsiste na Igreja católica governada pelo sucessor de Pedro e pelos bispos em comunhão com ele, embora fora de sua visível estrutura se encontrem vários elementos de santificação e verdade" (*LG* 8).

11

Creio na Comunhão dos Santos

Este artigo do *Credo* liga-se estreitamente ao que vem logo antes: "Creio na santa Igreja católica". Comunhão dos Santos é sinônimo de Igreja católica. O termo "católico" hoje é restritivo. Mas não foi esse o sentido original: católico significa universal. A Igreja tem por cabeça Jesus Cristo e por alma o Espírito Santo e por corpo toda criatura que crê no Senhor Jesus.

A expressão "Comunhão dos Santos" não está nas primeiras formulações do Credo. Também não está no Credo Niceno-Constantinopolitano (381). Não encontrei a expressão nos Santos Padres dos primeiros quatro séculos. Os bispos tinham como preocupação maior no dia a dia a unidade da fé nas comunidades sob seu cuidado pastoral. Encontrei a expressão em um livro do bispo Nicetas, bispo de Remesiana, hoje Bela Palanka, na atual Sérvia, falecido em 414. O livro, o que se conservou dele, é uma explanação sobre o *Símbolo*, para os catecúmenos: "Depois da profissão de fé na Trindade santa, confessa crer na santa Igreja católica, que não é outra coisa senão *a comunhão de todos os santos*. Pois, desde o início do mundo, tanto os patriarcas Abraão, Isaac e Jacó quanto os profetas, os apóstolos, os mártires e todos os outros justos que existiram, existem e existirão formam uma Igreja, porque foram santificados por *uma só fé*, foram marcados por *um só Espírito* para formar *um só corpo* (Ef 4,4), do qual Cristo é a cabeça. Mais: até mesmo os anjos, os principados e as potestades celestes estão unidos a esta Igreja, porque, ensina-nos o Apóstolo, 'em Cristo foram reconciliadas todas as coisas, as da terra e as do céu' (*Cl* 1,20). Crê, portanto, que estás na *Comunhão dos Santos* nesta única Igreja: a Igreja católica, presente em todo o mundo. Deves manter firme esta comunhão" (*Explanatio Symboli*, 10). Podemos comparar a Comunhão dos Santos com duas figuras. Uma é com o corpo. São Paulo usou esta figura: "Assim como em um só corpo temos muitos membros e cada um de nossos membros possui diferente função, também nós, sendo muitos, somos um só corpo em Cristo, e cada membro está a serviço dos outros membros" (*Rm* 12,4-5). Outra figura foi usada por Jesus: a videira e os ramos. Cristo é o tronco, nós os galhos, o Espírito Santo a seiva (*Jo* 15,1ss). Juntos pertencemos ao Pai e somos o amor do Pai. Como os membros do corpo, como os ramos da videira, formamos uma unidade.

A expressão "Comunhão dos Santos", em português, não traduz bem a expressão original grega ou a latina, que diz que somos uma comunhão de pessoas santas e uma comunhão de coisas santas. De fato, nós estamos cercados de coisas santas: medalhas, água-benta, terço, Bíblia, escapulário, as imagens todas. Nós as chamamos de sacramentais. As virtudes também entram aqui, sobretudo, a fé, a esperança, a caridade, e entram os sacramentos. O Batismo é o ponto de partida e o fundamento de todos que participam da Comunhão dos Santos. A Confissão dos pecados refaz a Comunhão da comunidade. A Crisma confirma a Comunhão dos Santos e nos impele a um trabalho intenso de unidade. O Matrimônio é, por definição, uma comunhão de vida e de amor. A Eucaristia, a mais santa de todas as coisas, é comunhão por excelência, tanto que a chamamos simplesmente de "Comunhão". O Sacramento da Ordem existe para que o padre reúna os dispersos, restaure a unidade e faça do povo o que faz na celebração da missa: assim como de muitos grãos reunidos forma uma só hóstia e a consagra, também de muitas criaturas faz um só corpo, o corpo místico do Senhor, que é a Igreja.

A Comunhão dos Santos é também – e acentuadamente – a participação entre os cristãos que vivem na terra, a quem São Paulo não tem receio de chamar de *santos*, como em Rm 15,25: "Vou a Jerusalém a serviço dos santos"; ou em 1Cor 16,1: "Quanto à coleta em favor dos santos...". Todos somos chamados à santidade. Disse São Pedro: "Assim como é santo aquele que vos chamou, sede também santos em todas as vossas ações, pois está escrito (*Lv* 19,2): sede santos, porque eu vosso Deus sou santo" (*1Pd* 1,15). Posso citar outros dois textos: "Esta é a vontade de Deus: a vossa santificação" (*1Ts* 4,3) e "Procurai a paz com todos, procurai a santificação, sem a qual ninguém verá o Senhor" (*Hb* 12,14).

Posso dizer que Comunhão dos Santos é sinônimo de Igreja. E a Igreja somos nós que vivemos na terra. À Igreja pertencem os santos que estão na glória e pertencem nossos mortos, que ainda não alcançaram a plenitude da comunhão com Deus. À parte da Igreja que vive na terra chamamos de Igreja militante, ou terrestre, ou peregrina. Todos os batizados formamos uma comunhão com Jesus Cristo: "Fiel é o Deus que vos chamou à comunhão com Jesus Cristo, seu Filho e Senhor nosso" (*1Cor* 1,9). Todos formamos uma comunhão com o Espírito Santo. Estamos habituados a ouvir o celebrante da missa saudar-nos com a frase de São Paulo: "A graça do Senhor Jesus Cristo, o amor de Deus e a comunhão do Espírito Santo estejam convosco!" (*2Cor* 13,13). Vivemos em comunhão com o Pai e o Filho: "Quero que vivais a comunhão conosco. A nossa comunhão é com o Pai e seu Filho Jesus Cristo" (*1Jo* 1,3).

Essa comunhão é consolo no sofrimento e força na angústia: "À medida que crescem em nós os sofrimentos de Cristo, crescem também, por Cristo, as consolações. Se passamos por aflições, é para vosso consolo e salvação. Se somos consolados, é para vossa consolação, que vos dá a força para suportardes com paciência os mesmos sofrimentos que sofremos. A nossa esperança a vosso respeito é firme: sabemos que, como sois companheiros de nossos sofrimentos, assim também o sereis de nossas consolações" (*2Cor* 1,6-8).

Fazem parte integrante da Igreja, e, portanto, da Comunhão dos Santos, todos os que estão na glória eterna. É a chamada Igreja triunfante, ou Igreja gloriosa, ou Igreja celeste. Rezamos na celebração eucarística (Oração VI): "Por vosso Filho reunis em uma só família os homens e as mulheres criados para a glória de vosso nome, redimidos pelo sangue de sua Cruz e marcados com o selo do Espírito Santo. Por isso, agora e sempre, nós nos unimos à multidão dos anjos e dos santos para dizer: Santo, Santo, Santo é o Senhor...".

O documento conciliar *Lumen Gentium* ensina em seu número 50: "Veneramos a memória dos habitantes do céu não somente a título de exemplo; fazemo-lo ainda mais para corroborar a união de toda a Igreja no Espírito, pelo exercício da caridade fraterna. Pois assim como a comunhão entre os cristãos na terra nos aproxima de Cristo, da mesma forma o consórcio com os santos nos une a Cristo, do qual como de sua fonte e cabeça promanam toda a graça e a vida do próprio Povo de Deus".

O mesmo documento nos diz que não apenas estamos em comunhão com eles, mas estamos em interação, como vasos que se comunicam entre si: "Pelo fato de os habitantes do céu estarem unidos mais intimamente com Cristo, consolidam com mais firmeza na santidade toda a Igreja, enobrecem o culto que ela oferece a Deus aqui na terra e contribuem, de muitas maneiras, para sua mais ampla edificação. Recebidos na pátria e presentes diante do Senhor, por ele, com ele e nele não deixam de interceder por nós junto ao Pai... Pela sua fraterna solicitude a nossa fraqueza recebe o mais valioso auxílio" (n. 49). Por isso, podemos entender bem o que dizia São Domingos aos confrades na hora da morte: "Não choreis! Ser-vos-ei mais útil após a minha morte e ajudar-vos-ei mais eficazmente do que durante minha vida". Ou a famosa frase de Santa Teresinha do Menino Jesus: "Passarei meu céu, fazendo bem à terra".

Integram também a Igreja os nossos mortos, que ainda passam por um tempo de purificação. É a chamada Igreja padecente. Nós não sabemos como é esse tempo. Costuma-se chamar de Purgatório. Mas não sabemos em que consiste. Podemos imaginar que é, em linguagem humana, uma antessala do paraíso. Afirma o documento conciliar *Lumen Gentium*: "A união dos que estão na terra com os irmãos que descansam na paz de Cristo, de maneira alguma se interrompe; pelo contrário, segundo a fé perene da Igreja, vê-se fortalecida pela comunicação de bens espirituais" (n. 49). O que nos separa não é a morte, mas o estar ou não estar com Cristo. Nós, peregrinos na terra, os que terminaram a vida terrena, os glorificados no céu, juntos "cantamos o mesmo hino de glória ao nosso Deus, pois todos os que são de Cristo e têm seu Espírito formamos uma só Igreja com ele" (*LG*, 49). Essa Igreja unida ao Cristo, e tendo-o como cabeça, é o que chamamos de Comunhão dos Santos.

Igreja se define como comunhão. Comunhão dos cristãos entre si. Comunhão de todos os cristãos com Deus pela comunhão no Corpo de Cristo. Comunhão com todos os que passaram pela porta da morte e estão na eternidade. Por isso podemos pedir a ajuda dos santos. Por isso podemos rezar pelos nossos mortos. Por isso podemos nos santificar mutuamente. O escritor francês Léon Bloy († 1917) escreveu em seu livro *O Peregrino do Absoluto*: "A comunhão dos santos é o antídoto e o contrapeso da dispersão babilônica e testemunha uma solidariedade humana e divina tão maravilhosa que é impossível a um ser humano não se sentir unido aos outros não importa onde estiver vivendo. O menos dos nossos atos repercute em profundidade infinita e nos exalta a todos, vivos e mortos".

Ao encerrar o Ano da Fé, instituído para celebrar o XIX centenário do martírio de São Pedro e São Paulo, no dia 30 de junho de 1968, o papa São Paulo VI pronunciou uma longa profissão de fé, que termina assim: "Cremos na comunhão de todos os fiéis de Cristo: dos que ainda peregrinam sobre a ter-

ra, dos defuntos que ainda estão em purificação e dos bem-
-aventurados do céu, formando todos juntos uma só Igreja. E
cremos que nesta comunhão o amor misericordioso de Deus
e dos seus santos está sempre pronto para ouvir nossas orações" (*Credo do Povo de Deus*, final).

Creio na Remissão dos Pecados

Quando o padre absolve o pecador dos pecados, pronuncia esta fórmula: "Deus, Pai de misericórdia, que pela morte e ressurreição de seu Filho, reconciliou o mundo consigo e enviou o Espírito Santo para a remissão dos pecados, te conceda, pelo ministério da Igreja, o perdão e a paz. E eu te absolvo de teus pecados, em nome do Pai e do Filho e do Espírito Santo".

Essa fórmula nos diz que o perdão dos pecados tem tudo a ver com a misericórdia divina; tem tudo a ver com a morte e ressurreição de Jesus; tem tudo a ver com o Espírito Santo; tem tudo a ver com a Igreja. Mas o que é pecado? É bastante comum, nos dias de hoje, alguém se queixar com o padre: "Eu já não sei mais o que é pecado". Quem, de fato, não sabe o que é pecado, é incapaz de pecar. É sabido que a ignorância salva muita gente do pecado. Posso dizer: pecar é fazer coisa errada. Posso dizer: pecar é fazer coisa que minha consciência pede para não fazer. Isso significa que eu só posso pecar, se souber distinguir entre o certo e o errado. Há deficientes mentais que não distinguem entre o certo e o errado e, portanto, são incapazes de pecar. Nossa compreensão cresce física e psiquicamente. Cresce também nossa compreensão do certo e do errado. Cresce também a possibilidade de pecar. Quanto mais conhecimento adquiro, mais possibilidade tenho de pecar. Quanto mais cresço em ciência, sabedoria e experiência, maior responsabilidade tenho sobre meus atos.

Não existe pecado sem querer. O pecado é sempre uma ação subjetiva. Mesmo que objetivamente tenha feito coisa errada, se eu não tinha consciência de fazer o errado, não pequei. Há coisa errada que todo mundo sabe que é errada. Mas se eu não sabia ou não queria fazer a coisa errada, não pequei, ainda que a tenha feito. Quem não tem a capacidade de querer ou não querer não pode pecar. Pecado, portanto, é um ato errado que, apesar de saber que é errado, eu o faço conscientemente. É claro que se trata de um ato de nosso comportamento moral. A grandeza do pecado depende da grandeza do erro e da grandeza de minha maldade em cometer o erro, sabendo que minha ação está errada.

Nosso comportamento moral tem três dimensões. Uma para Deus (a quem devo respeito, porque sou sua criatura e ele é meu Criador). O pecado contra Deus pode se chamar impiedade e a impiedade pode se manifestar de muitas maneiras, como falta de oração, blasfêmia, indiferença, desobediência a seus preceitos. Outra dimensão é para o próximo, que sempre é imagem e semelhança de Deus e, portanto, merecedor de todo o meu respeito. Posso pecar contra o próximo por prepotência (julgando-me superior a ele), por calúnia (prejudicando sua fama), por mentira (negando-lhe a verdade), por exploração (não lhe pagando o salário), por indiferença (não o ajudando na necessidade). A terceira dimensão diz respeito a mim mesmo. Peco contra mim mesmo, por exemplo, tendo um comportamento orgulhoso ou preguiçoso ou guloso ou luxurioso ou ganancioso ou egoísta. Na vida prática as três dimensões se entrecruzam a todo momento. O próprio Jesus, ao falar do maior mandamento, uniu as três dimensões: "Amarás o Senhor teu Deus de todo o coração. Este é o maior e o primeiro mandamento. O segundo é semelhante a este: amarás o próximo como a ti mesmo" (*Mt* 22,37-40). Observe-se que a língua grega, em que foram escritos os Evangelhos, não distingue entre "semelhante" e "igual". Posso, então, dizer que o segundo mandamento (que inclui a terceira dimensão) é igual ao primeiro.

Lembro que a palavra "perdoar" é uma palavra latina composta de "per" e "donare". O "per" é um prefixo e significa de "ponta a ponta", "inteiramente". E "donare" significa dar. Não posso, portanto, perdoar um pouquinho, perdoar com restrições ou condições. Deus perdoa sem nenhuma condição, a não ser que eu considere condição o propósito de não fazer novamente o mesmo pecado. Deus nos perdoa sem nenhuma condição. Sua misericórdia é absoluta, total. Por isso disse no início que o perdão tem tudo a ver com a misericórdia. Lembremos que Jesus nos recomendou: "Sede misericordiosos como vosso Pai é misericordioso" (*Lc* 6,36). Por conseguinte, também nós devemos perdoar sem medida, sem restrições.

Alguém pode perguntar: Como posso saber que Deus perdoa? Quem me garante isso? Na noite da Páscoa, Jesus ressuscitado "soprou sobre os Apóstolos e disse: recebei o Espírito Santo! A quem perdoardes os pecados, ser-lhes-ão perdoados; a quem não perdoardes os pecados, os pecados não serão perdoados" (*Jo* 20,22-23). Se eu creio em Jesus, creio também em sua palavra. Jesus passou a vida pública, perdoando pecados. Confira Mateus 9,2; Marcos 2,5; Lucas 7,48.

O Antigo Testamento falou muito da misericórdia de Deus e cantou de muitas maneiras a certeza e a grandeza da misericórdia divina. O profeta Isaías, por exemplo, põe na boca de Deus estas palavras: "Se teus pecados forem vermelhos como a púrpura, eu os posso fazer brancos como a neve" (*Is* 1,18). Todos os povos, todas as culturas, tiveram e têm ritos de perdão dos pecados. Veja-se, por exemplo, como os israelitas praticavam a purificação e a expiação dos pecados no livro do Levítico 16. O Novo Testamento acredita nas palavras de Jesus ditas na Última Ceia, passando o cálice com o vinho aos discípulos: "Tomai e bebei todos, porque este é o sangue da nova e eterna Aliança, derramado para o perdão dos pecados" (*Mt* 26,29). Aliás, Jesus foi acusado pelos fariseus de usar o poder divino de perdoar os pecados. A garantia de que Deus me perdoa é a palavra de Jesus. Se creio em Jesus, creio em sua palavra.

Grandes teólogos afirmam que a razão da encarnação de Jesus foi tirar o pecado do mundo. Não necessariamente. Mas sua missão redentora consistiu em tirar o pecado. Afirmou com clareza: "Esta é a vontade de quem me enviou: que eu não perca nenhum daqueles que me deu, mas o ressuscite no último dia. Pois esta é a vontade de meu Pai: que toda a pessoa que vê o Filho e nele crer tenha a vida eterna. E eu o ressuscitarei" (*Jo* 6,39-40). Em outras palavras, sua missão salvadora significava a santificação e a santificação significa o perdão dos pecados. Por isso, dizia no início que o perdão dos pecados tem tudo a ver com a morte de Jesus na cruz e sua ressurreição na Páscoa.

O grande sacramento do perdão dos pecados é o batismo, o sacramento mais lembrado e celebrado na Vigília Pascal. Porque ele é capaz de ressuscitar quem estava morto pelo pecado. Porque ele devolve à criatura humana a graça santificante, que o pecado original anulara. Que é o pecado original? Respondo com um texto oficial da Igreja: "Constituído por Deus em estado de justiça, o homem, instigado pelo Maligno, desde o início da história, abusou da própria liberdade. Levantou-se contra Deus, desejando atingir seu fim fora dele. Apesar de conhecer a Deus, não o glorificou como Deus. Seu coração insensato se obscureceu e ele serviu a criatura em vez do Criador. Esse fato, que nos é conhecido pela Revelação divina, concorda com a própria experiência. Pois o homem, olhando seu coração, descobre-se também inclinado para o mal e mergulhado em múltiplos males que não podem provir de seu Criador, que é bom. Recusando, muitas vezes, a reconhecer a Deus como seu princípio, o homem destruiu a devida ordem em relação ao fim último e, ao mesmo tempo, toda a sua harmonia consigo mesmo, com os outros homens e as coisas criadas. Por isso, o homem está dividido em si mesmo" (*Gaudium et Spes*, n.13).

A este desequilíbrio, que nasce com cada filho de Adão, chamamos de pecado original. Original porque nasce com a origem de cada criatura humana. O Batismo liberta o homem desse pecado, embora não o liberte das consequências do pecado original. Os pecados que cometemos ao longo de nossa vida são consequências desse desequilíbrio. Jesus veio para tirar o pecado, tanto o original quanto o atual. E deu ao Sacramento do Batismo e da Confissão o poder divino do perdão. A graça, porém, não modifica nossa natureza, nascida inclinada para o mal (*Gn* 6,5). Por isso mesmo precisamos do Batismo. Se não pecássemos mais depois do Batismo, não precisaríamos de outro Sacramento. Mas nenhuma criatura humana (exceto Jesus, que é também Deus, e sua Mãe Maria, que foi preservada por Deus em vista de sua maternidade divina) é cem por cento equilibrada. Todos somos pecadores. Todos precisamos de um novo sacramento com força de perdoar os pecados que fazemos depois do Batismo. Por isso Jesus nos deu outro Sacramento chamado Confissão ou Reconciliação ou Penitência ou Perdão. Cremos no Sacramento da Confissão como cremos no Batismo e como cremos no perdão (remissão) dos pecados pelo poder de Deus por meio do ministério da Igreja.

Encerro esta reflexão com textos de Santo Ambrósio († 397), de seu II livro *Sobre a Penitência*: "Aquilo que é impossível para o homem é possível para Deus (*Mt* 19,26). Deus é poderoso, quando quer, para perdoar nossos pecados, até aqueles que julgamos que não podem ser perdoados; por isso, o que nos parece impossível de obter, para Deus é possível conceder. Com efeito, parecia impossível que a água pudesse lavar o pecado. Por isso, o sírio Naamã não acreditou que sua lepra pudesse ser purificada pela água (*2Rs* 5,11-12). Mas aquilo que era impossível, Deus tornou possível, e concedeu-nos tão grande graça. Da mesma forma, parecia impossível que os pecados fossem perdoados por meio da penitência. Cristo concedeu isso a seus apóstolos, e os apóstolos o transmitiram às funções dos sacerdotes. Portanto, foi feito possível aquilo que se julgava impossível (II,12). Assim como Jesus foi imolado uma vez por todos, assim também toda vez que os pecados são perdoados, recebemos o sacramento de seu corpo, a fim de que, por seu sangue, se realize a remissão dos pecados. Na pregação do Senhor está com toda clareza o mandato de restaurar a graça do Batismo até para os culpados de crime gravíssimo, desde que façam de todo coração penitência do crime e o confessem explicitamente (II,19). Mesmo quando a carne reluta, a mente deve estar orientada para Deus. Mesmo se não vêm depois as obras, que a fé seja zelosa. Mesmo se as seduções da carne ou as potências inimigas atacam, que a mente permaneça entregue a Deus" (II,105).

Creio na Ressurreição da Carne

Leio no Catecismo: "Cremos firmemente – e assim esperamos – que, da mesma forma que Cristo ressuscitou verdadeiramente dos mortos, e vive para sempre, assim também, depois da morte, os justos viverão para sempre com Cristo Ressuscitado e que ele os ressuscitará no último dia. Como a ressurreição de Cristo, também a nossa será obra da Santíssima Trindade: 'Se o espírito daquele que ressuscitou Jesus dentre os mortos habita em vós, aquele que ressuscitou Cristo Jesus dentre os mortos dará vida também aos vossos corpos mortais, mediante seu Espírito que habita em vós' (*Rm* 8,11)".

Crer na ressurreição dos mortos é fé essencial do cristão. Ficou famosa a frase de Tertuliano de Cartago († 220): "A confiança dos cristãos é a ressurreição dos mortos; crendo nela somos cristãos". Eu não tenho como crer na ressurreição, se não creio na palavra e na pessoa de Jesus Cristo como Filho de Deus Salvador. Os grandes santos e profetas do Antigo Testamento chegaram a acreditar na necessidade da ressurreição, mas não puderam dar garantias. A única e decisiva garantia foi a ressurreição de Jesus. Não houvesse Cristo ressuscitado, eu ficaria apenas no "talvez". Se creio que Jesus Cristo ressuscitou dos mortos (São Paulo o chama de "primogênito dos mortos" – *Cl* 1,15), creio também que ele "dará vida ao meu corpo mortal".

A sobrevivência dos mortos preocupou todas as culturas. Todas as culturas perceberam que a criatura humana não é só corpo. Se fosse só corpo, todos sabem o que acontece com o corpo depois da morte. Mas há um elemento a mais, que os hebreus chamaram de "espírito" e os gregos chamaram de "alma". E esse elemento a mais, como era invisível, intocável não podia morrer como o corpo visível e composto de matéria orgânica perecível. Os gregos pensavam que esse segundo elemento virava borboleta. Tanto que "borboleta" e "alma" tinham o mesmo nome "psiché". O Antigo Testamento afirmou que a alma era divina, porque era o hálito que Deus soprara nas narinas de Adão para que ele vivesse (Gn 2,7). Sendo o sopro de Deus, a alma era divina e imortal. Mas ninguém sabia, ao certo, o que acontecia com a alma na hora da morte do corpo.

No tempo de Jesus, o grupo dos saduceus (a ele pertenciam Anás, Caifaz e quase todos os sacerdotes, que tinham função no templo) não acreditava na sobrevivência da alma. Não aceitavam os dois livros dos Macabeus e da Sabedoria, onde se sugere a ressurreição. O grupo dos fariseus ensinava a possibilidade da ressurreição, embora não soubesse dizer como e quando. Ambos os grupos provocaram Jesus para saber sua opinião. E Jesus foi claro em dizer que a ressurreição acontece, sim. Vamos a alguns textos:

"Esta é a vontade de quem me enviou: que eu não perca nenhum daqueles que me deu, mas que o ressuscite no último dia. A vontade do Pai é que todo aquele que vê o Filho e acredita nele tenha a vida eterna; e eu o ressuscitarei no último dia" (Jo 6,39-40). Pouco depois, na ressurreição de Lázaro, Jesus diz a Marta: "Eu sou a ressurreição e a vida. Quem crê em mim, ainda que esteja morto, viverá. E quem vive e crê em mim jamais morrerá" (Jo 11,25-26). Um dia, estava Jesus corrigindo a mentalidade interesseira dos que davam banquetes aos amigos: "Quando deres um jantar, chama os pobres, os aleijados, os coxos e cegos. Estes não têm com que pagar. Então receberás a recompensa na ressurreição dos justos" (Lc 14,13-14). Outro dia, os saduceus zombaram da ressurreição diante de Jesus. E Jesus explicou: "Vocês estão muito enganados quanto à ressurreição. Vocês não leem as Escrituras nem creem no poder de Deus. Não lestes o que Deus disse: Eu sou o Deus de Abraão, de Isaac e de Jacó? Ele não é Deus de mortos, mas de vivos" (*Mt* 22,29-32).

Os apóstolos se chamavam a si mesmos de "testemunhas da ressurreição" (*At* 1,22; 4,33). São Paulo é de uma clareza absoluta: "Cristo morreu por nossos pecados. Foi sepultado. Ressuscitou ao terceiro dia. Apareceu a Cefas e aos doze. Depois apareceu a mais de quinhentas pessoas, da quais muitas ainda vivem. Ora, se pregamos que Cristo ressuscitou dos mortos, como alguns têm coragem de dizer que não há ressurreição dos mortos? Se não há ressurreição dos mortos, também Cristo não ressuscitou. E, se Cristo não ressuscitou, nossa pregação é vazia e vossa fé também. Mas, na verdade, Cristo ressuscitou dos mortos como primeiro dos que morreram. Assim como por um homem nos veio a morte, também por um homem veio a ressurreição dos mortos. Assim como em Adão todos morrem, assim em Cristo todos reviverão" (*1Cor* 15,3-6; 12-14; 20-22).

Os grandes santos, teólogos, exegetas dos primeiros séculos falaram da ressurreição dos mortos. Escolhi um texto de Santo Atanásio, bispo de Alexandria, no Egito, que teve destacado papel no Concílio de Niceia, defendendo a igualdade de Jesus com o Pai, criando a palavra "consubstancial". O texto é de seu livro *A Encarnação do Verbo*, n. 28: "Prova notável e testemunho evidente da destruição da morte é a seguinte: todos os discípulos de Cristo a desprezam, marcham contra ela, calcam-na aos pés como um cadáver. Outrora, antes do advento divino do Salvador, os defuntos eram chorados, porque destinados à corrupção. Após ter o Salvador ressuscitado seu corpo, a morte cessou de ser pavorosa. Os fiéis de Cristo calcam-na aos pés como um nada, e preferem morrer a renegar a fé em Cristo. Estão cientes de que, ao falecerem, não perecem, mas vivem, e a ressurreição os fará incorruptíveis (*1Cor* 15,55)".

A verdade de fé é nossa ressurreição. Os teólogos discutem quando se dará essa ressurreição. É uma questão aberta na Igreja, se a ressurreição se dá na hora da morte ou se mais tarde, em um dia que se costuma chamar de "Juízo Final". Os Evangelhos falam de "fim do mundo". Ora, quando morro, termina o mundo para mim, terminam as características desse mundo (tempo e espaço). Nem o sol nem a lua nem a luz nem a treva têm sentido para mim morto. Minha morte, para mim, é o fim do mundo. Eles argumentam que Jesus não ressuscitou na hora de sua morte, mas três dias depois. Eu argumento com a frase de Jesus ao ladrão na cruz: "Ainda hoje estarás comigo no paraíso" (*Lc* 23,43).

Os teólogos tinham muita dificuldade em ensinar que a alma vai imediatamente para o céu, enquanto o corpo apodrece no cemitério até o tal "juízo final", quando, então, cada alma sairia à procura de seu corpo. A teologia, ajudada pela ciência, começou a não insistir tanto na separação entre alma e corpo. Aliás, alma e corpo são conceitos filosóficos, estudados também por outras ciências. Para a Bíblia, "corpo" significa pessoa, bem mais que ossos e esqueleto revestidos: é tudo aquilo que uma pessoa é, em todas as suas dimensões. O cardeal Ratzinger, mais tarde papa Bento XVI, escreveu, em 1969, no volume IV da coleção *Sacramentum Mundi*, p. 399: "O termo ressurreição do corpo deve ser entendido como ressurreição da pessoa, não no sentido de uma corporeidade, isolada da alma". Resumo o assunto com o teólogo Renold Blank (*Creio na Ressurreição dos Mortos*, Paulus, p.12): "Pode-se dizer hoje, baseado nos conhecimentos científicos e teológicos, que a alma nunca se separa do corpo. Deus ressuscita o ser humano em sua totalidade e essa Ressurreição se realiza no momento da morte. Ser ressuscitado significa que a pessoa humana com tudo aquilo que é, com toda a sua história de vida, com tudo aquilo que na vida realizou ou sofreu, com sua biografia, suas relações interpessoais e todas as suas obras, na morte será recuperada e plenificada por Deus. Essa recuperação e plenificação significa também que a pessoa está sendo totalmente desligada das dimensões do espaço e do tempo".

O que, portanto, ensina o Credo com a verdade da ressurreição da carne não é a revitalização do cadáver. Por isso, para a fé, não há diferença entre enterrar um cadáver ou cremá-lo ou ser comido por um tubarão.

Todos temos a curiosidade de saber como será nosso corpo ressuscitado, sabendo que o corpo físico vai para o cemitério. Será como o corpo de Jesus depois da Páscoa: não depende mais de espaço e tempo como nosso corpo físico. São Paulo escreve aos Filipenses: "Nós somos cidadãos do céu. De lá esperamos o Salvador Jesus Cristo, que transformará nosso corpo miserável, tornando-o semelhante a seu corpo glorioso, pelo poder que tem" (Fl 3,20-21). Mas não deixamos de ser nós mesmos. Jesus, aparecendo aos apóstolos com seu corpo ressuscitado, confirmou: "Por que duvidais em vosso coração? Vede minhas mãos e meus pés, sou eu mesmo! Tocai e vede! Um espírito não tem carne e osso como vedes que eu tenho!" (Lc 24,38-39). São Paulo tentou uma descrição: "Semeado corruptível, o corpo ressuscita incorruptível; semeado desprezível, ressuscita glorioso; semeado na fraqueza, ressuscita cheio de vigor; semeado corpo animal, ressuscita corpo espiritual. É preciso que este ser corruptível se revista de incorruptibilidade; é preciso que este ser mortal se revista de imortalidade" (1Cor 15,42-44.53-54).

Ainda uma palavra sobre a reencarnação, tema introduzido no Brasil pelo Kardecismo. Outros ramos do espiritismo não aceitam a reencarnação. Mas Alan Kardec a ensina. Não há nenhuma passagem bíblica que possa ser ponto de partida sério para essa possibilidade. Lemos na Carta aos Hebreus: "Está estabelecido que cada pessoa morre uma só vez e logo em seguida vem o juízo" (9,27). O Catecismo da Igreja católica é firme: "Não existe reencarnação depois da morte" (n. 1013). No documento conciliar *Ad Gentes* a Igreja nos diz: "Ninguém por si só e com as próprias forças se liberta do pecado e se eleva acima de si próprio. Ninguém se desprende, em definitivo, de sua fraqueza, solidão ou servidão. Mas todos necessitam de Cristo modelo, mestre, libertador, salvador vivificador" (n. 8).

Nossa ressurreição é obra salvadora de Jesus. Ou melhor, se a ressurreição de Jesus é obra da Santíssima Trindade, também a nossa é graça da Santíssima Trindade. Escreve São Paulo aos Romanos: "Se o Espírito daquele que ressuscitou Jesus dos mortos habita em vós, quem ressuscitou Jesus Cristo dos mortos também dará a vida a vossos corpos mortais" (*Rm* 8,11).

14

Creio na Vida Eterna

A morte é a porta que fecha a vida terrena e abre a vida eterna. O fechamento da porta não é objeto de fé, mas da experiência de cada dia. A abertura para a eternidade, sim, é objeto de fé e só sabemos dessa função pela fé. É verdade que a criatura humana traz dentro de si, digamos, saudades do céu, porque ela tem origem divina. No documento conciliar *Gaudium et Spes* (Alegria e Esperança) diz a Igreja: "Diante da morte, o enigma da condição humana atinge seu ponto alto. O homem não se aflige somente com a dor e a progressiva dissolução de seu corpo, mas também, e muito mais, com o temor da destruição perpétua. A semente de eternidade que leva dentro de si, irredutível à só matéria, insurge-se contra a morte. A longevidade, que a biologia lhe consegue, não satisfaz o desejo de viver sempre mais, que existe inelutavelmente em seu coração" (*GS*, 18).

É diante da morte que a Igreja, baseada na fé buscada na Revelação divina, ensina-nos: "Deus chamou e chama o homem para que ele, com sua natureza inteira, dê sua adesão a Deus na comunhão perpétua da incorruptível vida divina. Cristo conseguiu esta vitória com sua morte, libertando o homem da morte e ressuscitando para a vida" (*GS*, 18).

A vida eterna é o objetivo e a meta da esperança cristã. O papa Bento XVI, em sua encíclica *Spe Salvi* (Salvos pela Esperança), de 30 de novembro de 2007, fala da vida eterna. Lembra que esse nome pode ser mal interpretado. Não posso pensar vida eterna como um prolongamento sem-fim da vida presente, porque na morte termina o tempo. Muita gente não teve uma vida terrena feliz e rejeita a ideia de um alongamento dos sofrimentos e decepções que a vida terrena lhe tenha dado: "Continuar a viver eternamente – sem fim – parece mais uma condenação do que um dom, acabaria por ser fastidioso e insuportável" (n. 10).

Há um paradoxo, diz Bento XVI: Por um lado, não queremos morrer; por outro lado, também não desejamos continuar a existir ilimitadamente. Então, o que significa "vida eterna", como um dom generoso de Deus? Escreve o Papa: "A única possibilidade que temos é procurar sair, com o pensamento, da temporalidade de que somos prisioneiros e, de alguma forma, conjeturar que a eternidade não seja uma sucessão contínua de dias do calendário, mas algo parecido com o instante repleto de satisfação, em que a totalidade nos abraça e nós abraçamos a totalidade. Seria o instante de mergulhar no oceano do amor infinito, no qual o tempo – o antes e o depois – já não existe. Podemos somente procurar pensar que esse instante é a vida em sentido pleno, um incessante mergulhar na vastidão do ser, ao mesmo tempo que ficamos, simplesmente, inundados de alegria. Assim exprime Jesus no Evangelho de João: 'Eu hei de ver-vos de novo; e o vosso coração alegrar-se-á e ninguém vos poderá tirar a vossa alegria' (*Jo* 16,22). Devemos olhar nesse sentido, se quisermos entender o que visa a esperança cristã, o que esperamos da fé, de nosso estar em Cristo" (n. 12), ou seja, da vida eterna.

Se conseguimos entender, ou ao menos imaginar, o que seja vida eterna, podemos dizer que a esperança cristã é viver eternamente com Deus, ou, como disse São Paulo aos Filipenses: "Viver eternamente com Cristo" (1,23); ou como disse aos Tessalonicenses: "Iremos ao encontro do Senhor e estaremos para sempre com ele" (*1Ts* 4,16). Talvez tenha sido Santo Agostinho quem mais refletiu até hoje sobre tempo e eternidade, sobre o significado de "vida eterna". Transcrevo um trecho de seu livro *A Cidade de Deus*, XXII: "Esta será a meta de nossos desejos: na eternidade amaremos sem nos enjoar, louvaremos sem nos cansar. Pois, como diz o salmo 'Cantarei sem fim a graça do Senhor' (89,2). E, certamente, não haverá naquela cidade um canto mais doce para glorificar a graça de Cristo, em cujo sangue fomos libertados. Lá repousaremos e veremos, veremos e amaremos, amaremos e louvaremos".

Escolho outro trecho de Santo Agostinho: "Jesus nos prometeu estarmos no futuro lá onde ele estiver: 'Pai, quero que aqueles que me deste estejam comigo onde eu estiver' (*Jo* 17,24). Esteve conosco onde nós estávamos; estaremos nós com ele lá onde ele está. Que prometeu Deus, homem mortal? Que haverás de viver eternamente. Não crês? Crê! Crê! É muito mais o que ele já fez do que aquilo que ainda prometeu. Que fez ele? Morreu por ti. Que te prometeu? Que viverás com ele. É muito mais incrível que tenha morrido aquele que é eterno do que viver eternamente um ser mortal. Já temos o que é incrível. Se Deus morreu por causa do homem, este não haverá de viver com Deus? O ser mortal não haverá de viver eternamente, se por ele morreu aquele que eternamente vive? Mas como Deus morreu e onde? E Deus pode morrer? Assumiu de tua natureza um corpo a fim de morrer por ti, e te revestirá daquilo que te permitirá viver com ele" (*Comentário ao Salmo 148*,8).

Ainda que a vida eterna seja desejada e sentida por mim, por causa das sementes de imortalidade plantadas em minha carne mortal, ela está fundamentada exclusivamente na Revelação. Portanto, para crer na vida eterna preciso crer na pessoa e no ensinamento de Jesus. Não tenho outro fundamento. As histórias de aparições de mortos são fantasias. "Pai, quero que os que me deste estejam também comigo onde eu estiver para que vejam a minha glória" (*Jo* 17,24). "Vinde, benditos de meu Pai, tomai posse do Reino preparado para vós desde a criação do mundo" (*Mt* 25,34). "Quem come minha carne e bebe meu sangue tem a vida eterna. Eu o ressuscitarei no último dia! Quem come minha carne e bebe meu sangue permanecerá em mim e eu nele. Assim como o Pai vive e eu vivo pelo Pai, assim também viverá quem comer minha carne" (*Jo* 6,55-57).

Também pela Revelação sabemos que na hora de nossa morte Jesus virá a meu encontro. E, ele e eu juntos, faremos um balanço do que fiz em minha vida terrena e com minha vida terrena. O Catecismo chama esse encontro de Julgamento (n. 1022). Essa vinda de Jesus ao meu encontro na hora de minha morte é chamada de segunda vinda. A primeira foi na humildade do Natal. Na primeira vinda, ele me passou os ensinamentos para eu fazer o bem e evitar de fazer o mal, ensinou-me que tenho um destino eterno, deu-me um alimento salutar, confirmou-me no amor e me deu o amor como mandamento único, tanto em referência a Deus quanto em referência aos meus irmãos e a mim mesmo. E me disse que devo fazer isso "de todo o coração e de toda a mente", ou seja, envolver minha pessoa inteira. Meu coração não acerta nem erra sozinho. Minha inteligência não acerta nem erra sozinha. Eu inteiro preciso viver o bem. Eu inteiro preciso crer. Eu inteiro preciso não praticar o mal. Apesar da clareza do ensinamento de Jesus, ele deixou a liberdade de escolha. Posso fazer o bem. Posso fazer o mal. O desequilíbrio deixado pelo pecado original pode me deixar na situação de São Paulo: "Não faço o bem que quero e sim o mal que não quero" (Rm 7,19).

Na hora da morte, portanto, serei julgado. E como ninguém é juiz em causa própria, Jesus nos disse que ele mesmo será nosso juiz: "O Filho do Homem se assentará em seu trono glorioso e separará uns dos outros como o pastor separa as ovelhas dos cabritos. Colocará as ovelhas a sua direita e os cabritos à esquerda. E dirá aos que estiverem a sua direita: Vinde, benditos de meu Pai, tomai posse do reino preparado para vós desde a criação do mundo. Porque tive fome e me destes de comer, tive sede e me destes de beber, fui peregrino e me acolhestes, estava nu e me vestistes, estava enfermo e me visitastes, estava preso e fostes me ver. Depois dirá aos da esquerda: afastai-vos de mim, malditos, para o fogo eterno, porque quando deixastes de fazer (o bem) a um destes pequeninos foi a mim que não o fizestes" (Mt 25,32-36.41.45).

Em outro momento disse Jesus: "O Filho do Homem virá na glória do Pai e dará então a cada um conforme suas obras" (*Mt* 16,27). Pela lógica, os que creram em Jesus e praticaram o bem não podem ser tratados da mesma maneira como aqueles que, podendo crer, não creram, ou creram e praticaram o mal. Porém, essa é a lógica humana. Sabemos pela Escritura que os pensamentos de Deus não são os nossos pensamentos nem os caminhos de Deus são os nossos caminhos (*Is* 55,8). Será que alguém, olho no olho de Jesus, quererá persistir na maldade? A nossa misericórdia é curta, mas a misericórdia de Deus é infinita. A doutrina da Igreja não exclui que o pecador se reconcilie com Deus, por isso mesmo, nunca apontou uma criatura humana condenada ao inferno. O inferno não pode ser um lugar, porque a palavra "lugar" pressupõe "espaço" e espaço é exclusivo de quem está no tempo. Nossos mortos estão fora do tempo e do espaço. Mas também o céu não é um lugar. Deus que criou o homem livre para escolher entre o bem e o mal e lhe deu a liberdade de praticar um ou outro, deverá respeitar essa liberdade. Portanto, irá para o inferno quem se negar a abraçar o Cristo Redentor e a estar com ele. Diz o Catecismo: "Não podemos estar unidos a Deus, se não fizermos livremente a opção de amá-lo" (n. 1033). Portanto, o Filho de Deus veio ao mundo para salvar a todos. Ninguém, por mais crimes que tenha cometido, está excluído da salvação: "Nosso Salvador deseja que todos sejam salvos e cheguem ao conhecimento da verdade, porque o Cristo Jesus se entregou em resgate de todos" (*1Tm* 2,4.6). Porém, cada um é livre em escolher ou não a salvação. Por isso, podemos dizer que cada um é responsável por seu êxito ou fracasso na hora do julgamento, na hora em que termina a vida terrena. Jesus não me condena ao inferno. Eu é que posso escolher o inferno. Deus respeita a minha liberdade. O Apocalipse chama a escolha do inferno de "segunda morte" (*Ap* 20,6). São Francisco proclama no Cântico das Criaturas: "Felizes os que a morte achar / Conformes tua santíssima vontade, / Porque a morte segunda não lhes fará mal!"

Que o inferno seja feito de fogo é uma imagem bíblica, dentro do linguajar humano. Ensina o Catecismo: "A pena principal do inferno consiste na separação eterna de Deus, o único em que o homem pode ter a vida e a felicidade para as quais foi criado e às quais aspira" (n. 1035). O inferno é a tristeza de não mais poder amar. O Céu, ensina ainda o Catecismo: "É a comunidade bem-aventurada de todos os que estão perfeitamente incorporados a Cristo. Esse mistério supera toda compreensão e toda imaginação. A Escritura fala-nos dele em imagens: vida, luz, paz, festim de casamento, vinho do reino, casa do Pai, Jerusalém celeste, paraíso: 'O que os olhos não viram, os ouvidos não ouviram, o coração do homem não percebeu, isso Deus preparou para aqueles que o amam' (1Cor 2,9)" (n. 1026-1027). Por isso mesmo toda a história do cristianismo, mais, toda a história da salvação é uma história de amor. Mais não sabemos.

Os estudiosos da escatologia (parte da teologia que estuda o que acontece com as criaturas na hora da morte e no pós--morte), diante da verdade de fé de que só entram no paraíso os que estão plenamente unidos a Cristo, começaram a se perguntar pela sorte dos que nem sempre praticaram o bem, nem sempre buscaram a purificação em vida. Vem então a figura do purgatório, palavra parente de purificação. Sirvo-me de uma frase do cardeal Martini, exegeta e pastor, em sua carta pastoral de 1992, intitulada *Estou à Porta*, n. 17: "O purgatório é o espaço da vigilância estendido misericordiosa e misteriosamente ao tempo depois da morte; é uma participação na Paixão e Morte de Cristo para uma última purificação que consentirá a entrada na glória. A fé no Deus que fez sua a nossa história é o verdadeiro fundamento de crermos em uma história ainda possível depois da morte, para quem não cresceu tanto quanto podia e devia no conhecimento de Jesus".

O papa Bento XVI, em sua encíclica *Spe Salvi* (Salvos pela Esperança) dá um grande e novo passo na interpretação do Purgatório. Sendo um texto pontifício e uma encíclica, a opinião deixa de ser uma posição particular e alcança expressivo tom de confiabilidade. Vale a pena ler toda a página (n. 47): "Alguns teólogos recentes são de parecer que o fogo [do Purgatório] que simultaneamente queima e salva é o próprio Cristo, o Juiz e Salvador. O encontro com ele é o ato decisivo do Juízo. Ante seu olhar, funde-se toda a falsidade. É o encontro com ele que, queimando-nos, nos transforma e liberta para nos tornar verdadeiramente nós mesmos. As coisas edificadas durante a vida podem então revelar-se palha seca, pura fanfarronice e desmoronar-se. Porém, na dor deste encontro, em que o impuro e o nocivo de nosso ser se tornam evidentes, está a salvação. O seu olhar, o toque de seu coração cura-nos por meio de uma transformação certamente dolorosa, 'como pelo fogo'. Contudo, é uma dor feliz, em que o poder santo de seu amor nos penetra como chama, consentindo-nos no final sermos totalmente nós mesmos e, por isso mesmo, totalmente de Deus. Deste modo, torna-se evidente também a compenetração entre justiça e graça: nosso modo de viver não é irrelevante, mas nossa sujeira não nos mancha para sempre, se ao menos continuamos inclinados para Cristo, para a verdade e para o amor. No fim de contas, essa sujeira já foi queimada na Paixão de Cristo. No momento do Juízo, experimentamos e acolhemos este prevalecer de seu amor sobre todo o mal no mundo e em nós. A dor do amor torna-se nossa salvação e nossa alegria. É claro que a 'duração' desse queimar que transforma não a podemos calcular com as medidas de cronometragem deste mundo. O 'momento' transformador desse encontro escapa à cronometragem terrena: é tempo do coração, tempo da 'passagem' à comunhão com Deus no Corpo de Cristo. O Juízo de Deus é esperança, quer porque é justiça, quer porque é graça. Se fosse somente graça que torna irrelevante tudo o que é terreno, Deus ficar-nos-ia devedor da resposta à pergunta acerca da justiça – pergunta que se nos apresenta decisiva diante da história e do mesmo Deus. E, se fosse pura justiça, o Juízo em definitivo poderia ser para todos nós só motivo de temor. A encarnação de Deus em Cristo uniu de tal modo um à outra, o juízo à graça, que a justiça ficou estabelecida com firmeza: todos nós cuidamos de nossa salvação 'com temor e tremor' (*Fl* 2,12). Apesar de tudo, a graça permite-nos a todos nós esperar e caminhar cheios de confiança ao encontro do Juiz, que conhecemos como nosso 'advogado', *parakletos* (cf. *1Jo* 2,1)".

O purgatório justifica também a prática sempre ensinada pela Igreja de rezar pelos mortos. Diz o Catecismo: "Desde os primeiros tempos, a Igreja honrou a memória dos defuntos e ofereceu sufrágios em seu favor, em especial o sacrifício eucarístico, a fim de que, purificados, eles possam chegar à visão beatífica de Deus" (n. 1032). Lembremos que é uma verdade de fé que nós, ainda peregrinos na terra, nossos mortos, ainda a caminho do céu, e os santos na glória de Deus formamos uma só família, uma comunidade, cuja cabeça é Jesus. Onde está a cabeça, está o corpo. A santidade da cabeça é a santidade do corpo. Realiza-se o desejo de Jesus: "Que todos sejam um: como tu, Pai, estás em mim e eu em ti, eles estejam em nós" (*Jo* 17,21). Isso é vida eterna.

Amém

Amém é uma palavra hebraica, assumida tal qual pelas línguas grega e latina e todas as línguas delas derivadas. Prende-se a uma raiz linguística que expressa firmeza, solidez, segurança. Por isso, quando no fim do Credo digo *Amém*, quero proclamar que considero verdadeiro o que acabei de dizer e creio firmemente. O *Amém* é, portanto, uma renovação da fé nas verdades proclamadas pelo Credo. É a mesma coisa como se dissesse: Creio e confirmo tudo aquilo que eu acabei de rezar.

Muitas vezes, substituímos o *Amém* pelo *Assim seja*, uma expressão bem mais fraca do que o Amém. Porque *Assim seja* expressa um desejo de que as coisas sejam ou aconteçam como acabei de professar, independentemente se elas me envolvem ou não. Enquanto que o *Amém* confirma com força o que acabei de professar e reconhece que as verdades que recitei dizem respeito a mim, eu as aceito tais quais são e farei com que elas entrem em minha vida, em meu modo de ser e de fazer, sejam carne de minha carne e alma de minha alma. Em outras orações, tanto faz dizer *Assim seja* ou *Amém*. No Credo direi sempre Amém.

A palavra "Amém" ocorre 24 vezes no Antigo Testamento. Só no Deuteronômio 27,15-26 é usada 12 vezes em forma de aclamação litúrgica para confirmar a bênção ou a maldição. Até hoje, usamos a palavra como confirmação de uma bênção, no sentido de "assim eu quero que aconteça" e "eu sei que Deus pode me abençoar" e "eu não só desejo, mas quero firmemente que me abençoe".

No Antigo Testamento indica também compromisso. Assim Banaías se compromete apoiar o novo rei Salomão: "Amém! O Senhor exalte o trono de Salomão ainda mais do que exaltou o trono de Davi!" (*1Rs* 1,36). Ou nesta passagem de Jeremias: "Deus disse: Cumprirei o juramento que fiz a vossos pais. E eu respondi: Amém, Senhor" (*Jr* 115). Quando Moisés baixou uma série de 12 normas rigorosas (como não fazer ídolos para adorar às escondidas, não abandonar os pais idosos, não roubar terras do vizinho, não aceitar suborno) o povo sempre respondeu no final de cada proposta: Amém! Ou seja, o povo se comprometeu a cumprir os 12 itens prescritos por Moisés (*Dt* 27,15-26).

No Novo Testamento a palavra *Amém* ocorre 126 vezes. Nos evangelhos só ocorre na boca de Jesus e com um sentido muito especial. Lembremos o uso que fez Jesus. Contrariamente ao uso popular, que proclama "Amém" no final da frase, Jesus começa a frase com um ou dois améns, quase sempre traduzidos por "Em verdade, em verdade eu vos digo". Ao começar a frase com "Amém", Jesus quer reforçar, sublinhar sua afirmação. Assim em Mt 5,18: Na verdade (amém) eu vos digo: passará o céu e a terra". Ou em Mt 5,25: "Em verdade (amém), não sairás da prisão". Ou em Mc 3,28: "Em verdade (amém) vos digo que serão perdoados todos os pecados". Ou em João 1,22: "Em verdade, em verdade (amém, amém) eu vos digo: vereis o céu aberto e os anjos". Ou ainda em Jo 5,19: "Em verdade, em verdade (amém, amém) vos digo: O Filho do homem não pode fazer nada". Ao começar a afirmação com Amém, Jesus, além de querer dizer que sua afirmação tem credibilidade, acrescenta que tem credibilidade divina, como se usasse a antiga fórmula: Assim fala Javé. Nenhum rabino usou a expressão "Amém" antes da afirmação, porque nenhum deles ousou afirmar que tinha poderes divinos para ensinar.

As primeiras comunidades usaram o Amém no fim de suas doxologias e orações. Doxologia é uma palavra grega composta. A primeira parte significa "glória"; segunda parte significa "palavra", "discurso". Doxologia, portanto, era e é uma palavra, uma exclamação de glorificação. O canto do "Glória" na missa é uma doxologia. A oração do "Glória ao Pai" também é uma doxologia. São muitos os hinos litúrgicos e orações que terminam com uma doxologia.

O sentido do "amém" nas doxologias e hinos cristãos é o mesmo do Antigo Testamento: confirmação, aceitação, confiança em Deus e compromisso de comportamento. Confira Rm 1,25: "Eles trocaram o verdadeiro Deus pela mentira, serviram a criatura no lugar do Criador, que é bendito pelos séculos, amém!" Rm 9,5: "Dos israelitas vieram os patriarcas, dos israelitas veio o Cristo, segundo a carne, que está acima de tudo e é o Deus bendito pelos séculos. Amém!" Ou em 1Cor 14,16: "Se tu rendes graças apenas com o espírito, como pode o ouvinte não iniciado dizer 'amém' a tua ação de graças, se não entende o que dizes?" Mais uma citação entre as muitas que poderiam ser trazidas para confirmar o uso frequente nas orações comunitárias. "Se alguém exercer um ministério na assembleia, faça-o com a força que Deus lhe conceder a fim de que em tudo Deus seja glorificado por Jesus Cristo, a quem pertence a glória e o império pelos séculos dos séculos, amém!" (*1Pd* 4,11).

Lembremos uma passagem do profeta Isaías, nem sempre clara nas traduções que temos: "Quem almejar bênçãos na terra, o fará pelo Deus Amém, e quem prestar juramento na terra o fará pelo Deus Amém" (*Is* 65,16). Esse Amém está no lugar de verdadeiro, que merece minha credibilidade, que é fiel em cumprir as promessas, que tem compromisso comigo e, por isso, assumo com alegria o compromisso com ele. Essa passagem de Isaías poderá ter levado o autor do Apocalipse a chamar Jesus de "Amém de Deus": "Assim diz o Amém, a testemunha fiel e verdadeira, o princípio da criação de Deus" (*Ap* 3,14). Jesus é o cumprimento de todas as promessas de Deus. Jesus foi absolutamente fiel no cumprimento das promessas de Deus. Por isso, ele é o

Amém por excelência: comprometeu-se com Deus e conosco, foi fiel ao compromisso. Ele é o Amém de Deus e, ao mesmo tempo, é o nosso Amém. Ele é o Amém de todas as criaturas no céu e na terra: "Todos os anjos que estavam de pé ao redor do trono, dos anciãos e dos quatro seres vivos caíram com o rosto em terra diante do trono e adoraram a Deus, dizendo: amém, louvor, glória, sabedoria, ação de graças, honra, poder e força ao nosso Deus pelos séculos dos séculos. Amém!" (*Ap* 7,11-12).

São Paulo confirma esse significado do "Amém". Na segunda carta aos Coríntios escreve: "O Filho de Deus, Jesus Cristo, não foi sim e depois não, mas sempre foi sim. Porque todas as promessas de Deus são sim em Jesus. Por isso, é por ele que dizemos 'amém' à glória de Deus em nós. Deus nos mantém firmes em Cristo" (*2Cor* 1,19-20). Em outras palavras, São Paulo acentua que Deus foi fiel a suas promessas, que Jesus é a plenitude da realização de todas as promessas de Deus. E que Jesus foi fiel à vontade do Pai. Portanto, podemos nos manter firmes na fé no Senhor Jesus. Nossa firmeza na fé no Senhor Jesus é também firmeza na fé em Deus nosso Pai.

Por causa do "sim" de Deus, realizado em Jesus, por causa do "sim" de Jesus, que nos amou "até o extremo" (*Jo* 13,1) da morte e da ressurreição, também nós devemos ser "sim" para o Senhor, ou seja, o "amém" de Deus deve ser também nosso "amém". Nosso "amém" deve ir muito além de nossos lábios, muito além de nossa inteligência. Não basta um Credo professado. Não basta um Credo compreendido pela inteligência e recitado pela memória. Nosso Credo deve ser vívido, vivido e vivificante. Deve ser carne de nossa carne, sangue de nosso sangue, vida de nossa alma. Tem autores de espiritualidade que chamam o Credo de "carteira de Identidade" do cristão. Eu diria mais: não só "carteira", mas a própria "identidade" do cristão.

Autores citados

AGOSTINHO DE HIPONA (354-430): Nasceu em Tagaste, atual Souk-Ahkras, na Argélia, norte da África. Fez estudos superiores. Lecionou retórica e filosofia. Foi batizado adulto por Santo Ambrósio, em Milão. Ordenou-se padre na diocese de Hipona, norte da África, de onde se tornou bispo e regeu a diocese por 35 anos. Um dos autores cristãos que mais livros escreveu. O mais conhecido é o livro autobiográfico intitulado *Confissões*. Foi declarado doutor da Igreja em 1298. Sua festa se celebra no dia 28 de agosto.

ALAN KARDEC (1804-1869): Ocultista francês, fundador da Sociedade Parisiense de Estudos Espíritas e da Revista Espírita. Tentou sintetizar e harmonizar as velhas doutrinas espíritas, acrescentando a reencarnação. Publicou o *Livro dos Espíritos* e *O Livro dos Médiuns*.

AMBRÓSIO DE MILÃO (339-397): Nasceu em Trier, na Alemanha. Após a morte do pai, que era prefeito das Gálias, foi morar em Roma. Advogado de profissão e administrador público. Nomeado governador das províncias da Ligúria e da Emília, fixou-se em Milão. Era ainda catecúmeno, quando foi escolhido bispo de Milão. Batizou-se, ordenou-se e assumiu o ofício com muito senso social e religioso. Escreveu muitos livros e hinos. Até hoje chama-se Canto ambrosiano o canto-chão. Foi declarado doutor da Igreja em 1298. Sua festa celebra-se no dia 7 de dezembro.

ANAXÍMENES DE MILETO (560-528 a.C): filósofo grego, autor do livro *Sobre a Natureza*, do qual apenas um fragmento chegou ao nosso tempo.

ANTÔNIO DE PÁDUA (1195-1231): Nasceu em Lisboa, onde fez todos os estudos junto aos Cônegos Regulares de Santo Agostinho e ordenou-se padre. Especializou-se em Sagrada Escritura. Passou para a Ordem Franciscana, trocou o nome de Fernando pelo de Antônio. Na tentativa de ser missionário na África, acabou por ser famoso missionário popular no norte da Itália. Foi professor de Sagrada Escritura. Escreveu para seus alunos esquemas de sermões sobre todo o ano litúrgico. Foi declarado doutor da Igreja em 1946. Talvez o santo mais popular em todos os continentes. Sua festa se celebra no dia 13 de junho.

APOLINÁRIO (315-390): Nasceu em Laodiceia. Foi bispo da cidade. Teólogo, exegeta, homem de vasta erudição, um dos principais escritores eclesiásticos de seu tempo. Era contra Ario e grande amigo de Santo Atanásio. Mas tropeçou no mistério das duas naturezas de Jesus, negando-lhe parcialmente a natureza humana.

ARIO (260-336): Nasceu na Líbia, África. Ordenou-se padre em Alexandria, no Egito. Excelente orador e estudioso da Sagrada Escritura. O Concílio de Niceia, em 325, condenou sua doutrina trinitária e definiu que o Filho é consubstancial ao Pai. O Arianismo, ou seja, as teorias teológicas e heréticas de Ario, estão entre as maiores preocupações ao longo de todos os tempos da Igreja. Elas podem se resumir em três afirmações: O Verbo não é eterno nem tem a mesma natureza do Pai; o Verbo foi criado no tempo por Deus Pai. Só por metáfora é que o chamamos Filho de Deus.

ATANÁSIO (295-373): Nasceu em Alexandria, no Egito, e morreu em Alexandria em 373. Converteu-se ao cristianismo quando jovem. Aos 23 anos tornou-se secretário de Alexandre, bispo local, que o ordenou diácono. Alexandre e Atanásio se tornaram os mais duros adversários de Ario, que morava em Alexandria. Ainda diácono acompanhou o bispo Alexandre no Concílio de Niceia, que se prolongou de 20 de maio a 25 de agosto de 325. Atanásio foi decisivo na criação do termo "consubstancial" para definir igualdade das pessoas divinas. Tornou-se bispo de Alexandria em 328. Teve um pastoreio tumultuado, com cinco exílios. Escreveu vários livros em defesa do Credo de Niceia. Foi declarado doutor da Igreja em 1298. Sua festa se celebra no dia 2 de maio.

BENTO XVI, Papa (1927-?): Nasceu em Marktl, Alemanha. Ordenou-se padre em 1951. Professor de teologia em várias universidades alemãs. Arcebispo de Munique em 1977. Criado cardeal no mesmo ano. Nomeado, em 1981, prefeito da Congregação da Doutrina da Fé, cargo que ocupou até ser eleito Papa em abril de 2005, quando trocou o nome de Joseph pelo de Bento XVI. É numerosa sua produção teológica. Tem um livro inteiro sobre *Escatologia. Morte e Vida eterna*. Como Papa publicou as encíclicas *Deus Caritas est* (2005, Deus é Caridade), *Spe Salvi* (2007, Salvos pela Esperança) e *Caritas in Veritate* (2009, Caridade na Verdade). Abdicou no dia 28 de fevereiro de 2013, tornando-se Papa emérito.

BERNARDINO DE SENA (1380-1444): Nasceu em Massa Marítima e morreu em Aquila, Itália. Padre franciscano. Famoso pregador de missões populares e reformador da disciplina religiosa. Levava sempre consigo o estandarte com as primeiras letras do nome de Jesus em grego IHS. Muitos de seus sermões foram publicados. Propagou a devoção ao Espírito Santo, a Maria e a São José. Sua festa se celebra no dia 20 de maio.

BERNARDO DE CLARAVAL (1090-1153): Nasceu e morreu na França. Grande reformador da Ordem beneditina. Teólogo e místico. Famoso por seus sermões, sobretudo marianos. Em 1830 foi declarado doutor da Igreja. Sua festa se celebra no dia 20 de agosto.

BOAVENTURA DE BAGNOREGIO (1217-1274): Nasceu em Bagnoregio, Itália, e morreu em Lion, na França. Padre franciscano. Ministro geral da Ordem. Poeta, teólogo, místico, professor universitário. Criado cardeal e bispo, representou o Papa no Concílio Ecumênico de Lion. Morreu na noite do encerramento do Concílio. Foi declarado doutor da Igreja em 1588. Sua festa litúrgica se celebra no dia 15 de julho.

CIPRIANO DE CARTAGO (200-258): Não sabemos em que parte do norte da África nasceu. Era professor universitário, quando se converteu ao cristianismo. Na ocasião distribuiu todos os seus bens entre os pobres. Ordenou-se padre. Eleito bispo de Cartago, enfrentou grandes dificuldades e perseguições. Entre suas obras, todas de orientação pastoral, temos um belo comentário ao Pai-Nosso. Seus escritos e posição sobre o Batismo, a Penitência e a Eucaristia são citados até hoje. Morreu mártir. Sua festa se celebra no dia 16 de setembro.

CIRILO DE ALEXANDRIA (370-444): Pouco se sabe de sua juventude. Era sobrinho de bispo. Foi eleito bispo e patriarca de Alexandria, no Egito, em 412. Homem enérgico, de grande cultura, bom teólogo, violento contra os hereges, sobretudo contra Nestório. Foi a figura central do Concílio de Éfeso, em 431, sobre a maternidade divina de Maria. Escreveu muito. Considerado santo. Sua festa litúrgica se celebra no dia 27 de junho. Foi proclamado doutor da Igreja em 1882.

CIRILO DE JERUSALÉM (315-387): Nasceu e morreu em Jerusalém. Travou grandes lutas contra o Arianismo. Tomou parte nos dois Concílios Ecumênicos de Constantinopla, em 381 e 382. Famosas são suas 24 Catequeses. Foi declarado doutor da Igreja em 1883. Sua festa ocorre no dia 18 de março.

DIONIGI TETTAMANZI (1934-2017): Nasceu e morreu na Itália. Ordenado sacerdote em 1957. Foi arcebispo de Ancona--Ósimo, depois de Gênova e, por fim, de Milão. Cardeal em 1998. Autor do livro *Esta é a nossa fé* (2004).

DIONÍSIO AREOPAGITA (fim do V século): De origem siríaca. Viveu em Atenas. Pensador fortemente influenciado pelo platonismo, tentou unir a filosofia pagã de Platão à filosofia e mística cristãs. Apesar de sua biografia desconhecida, influenciou muito a escolástica. Basta lembrar que Santo Tomás o cita 1700 vezes. Seus livros mais famosos são: *Sobre os nomes de Deus* e *Sobre Teologia mística*.

FRANCISCO DE ASSIS (1182-1226): Nasceu e morreu em Assis, na Itália. Fundador da Ordem dos Frades Menores, hoje conhecidos como Franciscanos. Não foi sacerdote. Pregador popular. O primeiro santo a receber as chagas de Jesus Crucificado. Autor do *Cântico das Criaturas*, considerado obra-prima da poesia de todos os tempos. Em 1980 foi proclamado Padroeiro da Ecologia. Santo respeitado por todas as religiões.

FRANCISCO, Papa (1936-?): Nasceu em Buenos Aires, Argentina. Padre jesuíta, ordenado em 1969. Bispo em 1992. Arcebispo de Buenos Aires em 1997. Cardeal em 2013. Primeiro papa latino-americano. Trocou o nome de Jorge Mário pelo de Francisco. Como Papa publicou as encíclicas *Lumen Fidei* (Luz da Fé) e *Laudato sì* (Louvado seja). E as exortações apostólicas *Evangelii Gaudium* (Alegria do Evangelho), *Amoris Laetitia* (Alegria do Amor) e *Gaudete et Exsultate* (Alegrai-vos e exultai).

HILÁRIO DE POITIERS (310-367): Temos poucas informações de sua vida antes de ser bispo de Poitiers, na França. Grandes lutas contra o Arianismo. Exegeta, pastor e poeta. Seu livro sobre a Trindade é citado por todos os teólogos. Declarado doutor da Igreja em 1851. Sua festa celebra-se a 14 de janeiro.

HIPÓLITO DE ROMA: Viveu em Roma no final do segundo século e começo do terceiro. Escreveu em grego. Morreu mártir. Seus escritos giram muito em torno de explicações da Sagrada Escritura. Hipólito gosta de ver no Antigo Testamento figuras e símbolos proféticos de Jesus de Nazaré e dos apóstolos. Dele seria o famoso livro *Tradição Apostólica*, obra fundamental para se entender a liturgia cristã do segundo século. Hipólito é o único escritor antigo a falar do Anticristo. É celebrado como mártir no dia 13 de agosto.

INÁCIO DE ANTIOQUIA (?-110): Sucessor de São Pedro na diocese de Antioquia. Já octogenário foi trazido preso a Roma para ser devorado pelas feras do Circo Romano. Durante a viagem, acorrentado, escreveu cartas às igrejas por onde passava: Esmirna, Trôade, Éfeso, Magnésia, Trália e Filadelfia. Por elas ficamos sabendo de muitos costumes na administração dos sacramentos e na atividade pastoral, sempre entremeados de doutrina sobre o mistério da Trindade, a divindade de Jesus, a virgindade de Maria Mãe, a Igreja como continuadora da missão de Jesus, o batismo, a eucaristia, o mistério da morte e ressurreição. Sua festa se celebra no dia 17 de outubro.

IRINEU DE LION (130-202): Nasceu na Ásia Menor, em região da atual Turquia, e morreu como bispo de Lion, na França. Teólogo, escritor. Suas obras espelham a grande preocupação pastoral contra as heresias. É dele o primeiro compêndio que temos da fé católica, com as mesmas expressões do chamado Símbolo dos Apóstolos. Sua festa se celebra no dia 28 de junho.

JEAN GUITTON (1901-1999): Nasceu em Saint Etienne, na França. Intelectual leigo, professor universitário, filósofo e pintor, da Academia Francesa de Letras e da Academia de Ciências Morais e Políticas. Participou como leigo convidado do Concílio Vaticano II. Entre seus muitos livros, temos o *Diálogos com Paulo VI* e *Meu Pequeno Catecismo – Diálogo com um menino*. Um dos temas que volta sempre em sua obra é a mística da morte.

JOÃO PAULO II, Papa (1920-2005): Nasceu em Wadowice, Polônia. Ordenou-se padre em 1946. Tornou-se bispo em 1958, e arcebispo de Cracóvia em 1964. Criado cardeal em 1967. Foi eleito Papa em 1978, após a morte de João Paulo I, que governou a Igreja por apenas 33 dias. Trocou o nome de Karol Jozef por João Paulo II. Escreveu 13 encíclicas, entre as quais *Redemptor Hominis* (O Redentor do Homem), *Dominum et Vivificantem* (Sobre o Espírito Santo), *Redemptoris Mater* (A Mãe do Redentor), *Dives in misericordia* (Rico em Misericórdia), *Laborem exercens* (Exercendo o Trabalho), *Sollicitudo Rei Socialis* (A solicitude pelas coisas sociais). E 15 exortações apostólicas, entre elas: *Familiaris Consortio* (Sobre a função da família), *Redemtoris Custos* (Sobre São José), *Vita Consecrata* (Sobre a vida consagrada), *Pastores dabo vobis* (Sobre a função sacerdotal), *Christi Fideles Laici* (Sobre a missão dos leigos). Foi canonizado em 2014. Sua festa se celebra no dia 22 de outubro.

JUSTINO DE ROMA (100-165): Sabemos que nasceu na Palestina, mas não era hebreu. Converteu-se ao cristianismo. Fundou em Roma uma escola de filosofia cristã. Morreu mártir, em Roma, em 165. Homem de vasto conhecimento filosófico e teológico. Chegaram até nós duas *Apologias* em defesa dos cristãos e dos princípios cristãos e o *Diálogo com Trifão* sobre as relações controvertidas do cristianismo com o judaísmo. Para Justino, em Jesus de Nazaré se cumprem todas as Escrituras do Antigo Testamento. Sua festa litúrgica se celebra no dia 1º de junho.

LEÃO MAGNO, Papa (440-461): Quase nada sabemos de sua vida antes de ser eleito bispo de Roma e Papa. Durante seu pontificado se celebrou o Concílio de Calcedônia, em 451, sobre Jesus verdadeiro Deus e verdadeiro homem. Famoso por suas cartas e por seus sermões. Conservam-se 97 sermões. Enfrentou as tropas de Átila, que quiseram saquear Roma. A história lhe deu o título de Magno. Foi declarado doutor da Igreja em 1754.

LÉON BLOY (1846-1917): escritor, poeta, ensaísta francês, pai de quatro filhos. Um intelectual à procura do absoluto.

LUIS DE LEÓN (1527-1591): Nasceu e morreu na Espanha. Viveu em um tempo histórico excepcional: a conquista da América, os reinados de Carlos V e Felipe II, o Concílio de Trento, a reforma de Santa Teresa e de São Pedro de Alcântara. Poeta, exegeta, religioso agostiniano, professor universitário em Salamanca. Considerado um dos grandes autores espanhóis. Seus temas giram bastante em torno da serenidade interior e da paz. Muito conhecidos são seus livros *Exposição sobre o livro de Jó* e *Os nomes de Cristo*, este escrito entre 1574 e 1575 e considerado hoje um dos pontos altos da prosa em língua espanhola.

MARTINI, CARLOS (1927-2012): Italiano. Cardeal e arcebispo de Milão de 1979 a 2002. Jesuíta, fora reitor do Instituto Bíblico e reitor da Universidade Gregoriana. Biblista. Publicou dezenas de livros.

NICETA DE REMESIANA: Pouco se sabe de sua vida. Morreu em torno de 414. Foi bispo na Sérvia. São Paulino de Nola († 431) lhe dedica um poema, e diz que era um bispo muito zeloso e preocupado com a conversão dos pagãos que migravam para as planuras do Danúbio. Escreveu vários livros catequéticos. Deles chegou até nós o *De Symbolo*.

PAULO VI, Papa (1897-1978): Italiano. Ordenou-se padre em 1920. Trabalhou na Secretaria de Estado sob Pio XI e Pio XII. Ordenado bispo em 1954 e nomeado arcebispo de Milão. Feito cardeal em 1958. Tornou-se Papa em 1963, quando trocou o nome de Giovanni Battista pelo de Paulo VI. Foi o primeiro Papa a visitar os cinco continentes. Publicou sete encíclicas, três delas ficaram famosas: *Ecclesiam Suam* (1964, Sobre os Caminho da Igreja), *Populorum Progressio* (1967, O Progresso dos povos) e *Humanae Vitae* (1968, Sobre a regulação da natalidade). Publicou 12 Exortações Apostólicas, duas delas com grande repercussão na pastoral: *Marialis Cultus* (1974, O Culto à Virgem Maria) e *Evangelii Nuntiandi* (1975, Sobre a evangelização no mundo contemporâneo). Continuou o Concílio Vaticano II, iniciado por João XXIII e guiou a Igreja no difícil período do pós-Concílio. Para celebrar o XIX centenário do martírio de São Pedro e São Paulo, proclamou o Ano da Fé (1967-1968), e o encerrou no dia 30 de junho de 1968, com uma solene profissão de fé, que ele chamou de *Credo do Povo de Deus*, hoje lembrado como o Credo de Paulo VI. Foi beatificado pelo papa Francisco em 2014, na presença do papa emérito Bento XVI, e canonizado no dia 13 de outubro de 2018. Sua festa se celebra no dia 26 de setembro.

PÔNCIO PILATOS: Não sabemos onde e quando nasceu. Talvez fosse da Itália. Seu nome ficou na história não só por ter decretado a morte de Jesus na cruz, mas também por ter sido o quinto governador da Judeia, de 26 a 36, e ter praticado muitos atos de violência. Politicamente dependia do governador da Síria. A sede de governo era Cesareia. Mas Pilatos devia necessariamente marcar presença em Jerusalém nas grandes festas, por causa da multidão que se deslocava para a cidade santa, sendo sempre oportunidade de tumulto. Por ter mandado matar de uma só vez muitos samaritanos reunidos no Monte Garizim em torno de um falso profeta, teve de se justificar em Roma e foi destituído do cargo e mandado para a França, onde se teria suicidado. O apócrifo *Evangelho de Nicodemos* o faz converter-se ele e sua esposa Prócula. Seu nome entrou no Credo como prova histórica da condenação e morte de Jesus.

RENOLD BLANK: Nasceu na Suíça em 1941. Estudou na Universidade de Friburgo. Doutor em filosofia e teologia. Licenciado em letras. Mora em São Paulo, onde é professor da Pontifícia Faculdade de Teologia. Especialista em teologia escatológica. Publicou pela Paulus, entre outros livros, *Escatologia do Mundo, Escatologia da Pessoa, Reencarnação ou Ressurreição, Encontrar sentido na vida, Creio na ressurreição dos mortos, Creio na Vida Eterna*.

TERTULIANO DE CARTAGO: Nasceu em meados do II século, em Cartago, norte da África, e morreu entre 230 e 240. Estudou filosofia, retórica e história. Adulto e professor universitário, converteu-se ao cristianismo. A partir da conversão, dedicou toda a vida e toda sua inteligência na defesa da fé. Excelente escritor, tinha facilidade em explicar as verdades mais profundas. Não se ordenou sacerdote. Seus escritos tiveram grande influência sobre o pensamento cristão, sobretudo no que se refere aos temas da alma, da ressurreição, da humanidade e divindade de Jesus. É dele o primeiro grande tratado sobre o Batismo como sacramento de salvação. Escreveu também um livro sobre o Pai-Nosso e a oração cristã. Famoso é seu livro sobre a paciência. Defendeu, de muitos modos, por escrito a igualdade e a unidade das três pessoas divinas.